親の依存症によって傷ついている子どもたち

物語を通して学ぶ家族への援助

著

ジェリー・モー

監訳

水澤都加佐

訳

水澤寧子

星　和　書　店

Seiwa Shoten Publishers

2-5 Kamitakaido 1-Chome
Suginamiku Tokyo 168-0074, Japan

Understanding Addiction and Recovery Through a Child's Eyes

Hope, Help, and Healing for the Family

by

Jerry Moe

Translated from English

by

Tsukasa Mizusawa

Yasuko Mizusawa

Published under arrangement with HEALTH COMMUNICATIONS INC.,
Deerfield Beach, Florida, U.S.A.
Japanese language rights handled by Japan Uni Agency, Tokyo
in conjunction with Montreal-Contacts/The Rights Agency

愛と希望と回復への力の詰まったこの本を、
ブレントと、依存症者のいる家族で過ごすすべての子供たちに捧げます。

日本語版の発行に寄せて

本書を手にしてくださってありがとうございます。この本が日本で出版されることを心からうれしく思います。何よりも、アディクション（依存症）の深刻な影響を受けている日本の子供たちのまわりにいる大人がこの本に出会い、子供たちが子供らしく笑い、遊ぶ日がくることを願わずにはいられません。

アルコールや薬物依存症者のいる家族では、誰でも、特に子供たちは、とても傷つきます。みんな心を傷つけ、大切なものを破壊し、それをまた次の世代へと受け継いでしまいます。そのまま何もしなければ、選択肢はないのです。

今日では、大きな希望があります。専門家が、そうした子供たちの声を聴き、恐れを受け止め、悲嘆にくれる感情やさまざまな問題に安全な方法で対応することが可能になったのです。ベティ・フォード・センターでは、とてもユニークな四日間の子供プログラムを提供しています。

その中で、こうした子供たちの抱えている問題にきちんと対応することが可能なのです。また、子供プログラムでは同時に、若者たちにもその年齢に応じたやり方で依存症を学び、安全な方法で自分の問題に対処する方法を教えています。もっとも大切なことは、子供たちには子供らしく笑い、遊ぶ機会が与えられるということと、それが傷ついた子供たちの癒しの旅には不可欠な重要な部分になっているということです。子供たちが学ぶことで大切なことは次の三つです。

（親や兄弟姉妹の依存症は）自分の責任ではない
決して一人ぼっちではない
自分を助けてくれる安全な人たちと場所がある

この本を読んでいる方の中に、もし依存症の親の立場の方がおいでしたら、その方々に特にお伝えしたいことがあります。それは、子供さんにあなたがあげられる最高の贈り物は、とても皮肉なことかもしれませんが、まず自分自身が助けを求めることです。自分自身が依存症で苦しんでいても、あるいは依存症をもつ人の家族であっても、まず自分の癒しから手をつけましょう。そのうえで、ご自分のお子さんに回復から得たギフトを体験する機会をあげましょう。ベティ・フォード・センターでの子供プログラムでは、最後の二日間に親が参加します。親は、何世代にもわたる依存症とそれによって引き起こされた問題の連鎖を断ち切るための新しい、より深い方法と確信を身につけてプログラムを修了します。子供たちとの今までよりももっと深く健康な関係を身につけ、人生の新しい目的と喜びをもって去っていくのです。

家族の中の誰かの依存症で傷つき影響を受けたすべての年齢の子供たちにとって、希望があります。今、行動するときです。喜びが、旅にはたくさんあるのです。

ベティ・フォード・センター
子供プログラムディレクター
ジェリー・モー（MA、MAC、CETⅡ）

もくじ

第4章　ロック・ガーデン

第5章　回復を始めよう

ゲーム・エクササイズ

《依存症のエクササイズ》

謝辞

この本は、数えきれないほど多くの家族や同僚、友人の愛情と支えなしでは誕生しませんでした。妻のミシェルが常にインスピレーションの源と愛情とを与えてくれたのはいうまでもありません。カレン・マイヤー氏は私があきらめそうになったときでもやさしく導いてくれました。ベティ・テリ・ペルソ氏はこの本の私の構想を広げ、私が想像した以上のものにしてくれました。ベティ・ラポルテ氏、シス・ウェンジャー氏、ジョアン・コーナー・クラーク氏はとても重要な批評や示唆を与えて、文章を強く深みのあるものにしてくれました。アリソン・ヤンセ氏はやさしく、愛情あるやり方でまとめあげてくれました。

過去何年にもわたり、私は三つの治療施設で働いてきました。セコイア病院アルコール薬物回復プログラム、シエラ・テューソン、そしてベティ・フォード・センターです。どこも明確な治療の方針と哲学をもち、ユニークなプログラムを提供していましたが、家族の病としてのアルコール依存症と薬物依存症の治療の中でも、それは揺るぎないものでした。この三か所は、しっかりとした子供のためのプログラムを開発するために必要なものを提供してくれました。この三つの病院の関係者の皆様のビジョンや責任、サポートに感謝します。

恵まれたことに、何年にもわたって一緒に仕事をすることができたすばらしいファシリテーターたちにも賛辞を送りたいと思います。誰かを必ず忘れてしまいそうなので、名前を記すのは気がすすみません。でも誰だかわかりますよね。私にたくさんのことを教えてくれて、この特別な仕事を分かち合う光栄を与えてくださった方々は。お互いに影響をし合い、高め合った人たちです。

子供たちは思いやりのある大人たちに手を差し伸べてもらうことが必要です。私はこれまで、自分の子供や孫をグループに入れることを優先させてきた大人に出会ってきました。たくさんの人がこの特別な子供たちに、自分が子供のときに望んでいた贈り物――成長し、学び、遊び、信じ、癒されるための安全な場所――を与えてきました。信念と愛情と家族の人生を良くしたいという献身的な努力に感謝します。

最後に、何年にもわたってさまざまなプログラムをやり通してきた子供たちをほめたたえたいと思います。勇気、強さ、回復力に畏敬の念さえ覚えます。あなた方は、私の一番の先生でした。私はいつもあなたのことを考え、祈っています。愛しています。あなたが私に影響を与えたくらいには私もあなたに影響を与えられていますように。人生でどんなことがあっても、困難に直面するようなことがあっても、あなたは一人ではないし、助けを求められる安全な大人や場所があります。あなたは特別で愛される存在であるということを決して忘れないでください。

はじめに

この本の中には、みなさんと分かち合える、非常に特別で不思議な何かがあります。私は、私の先生でもある子供たちの中で、大人としての時間を過ごしました。私たちが出会ったのが、非常に頭が良く、非凡な才能を示し、その年齢にそぐわない性格的特徴を示す子供たちだったからではありません。〝私の子供たち〟はみなたしかにそうした子供たちなのですが。しかし、子供たちのまわりの誰かがアルコールや薬物に依存していたからこそ、私たちはお互いを理解するようになったのです。

三十年間、私は依存症の家族の中の、このもっとも幼い傷ついた被害者を観察し、研究し、援助するためにグループの最前列の席に座り続けました。彼らは傷つき、心を壊し、魂を破壊する遺産と共に生きています。これは彼らが選んだものではなく、誰かがもっていた病のためであり、それによりまわりの大人から追い込まれ、押し付けられたものなのです。

グループは大規模なものも小規模なものもあり、教会の地下室やコミュニティ・プログラム、治療センターなどで行われてきました。子供たちの多くは、何らかの進行中の依存症者、アルコール・薬物などの依存症者と共に暮らしています。親が現在依存症の治療中だという子供もいます。彼らはみな、秘密や恥の意識を抱えて生きています。多くの子供たちが心や体の、あるいは生活上の不調や違和感、大きな罪悪感を抱えています。自分は無力で無価値で悪い子だと思っています。そこで私は魔法をかけます。

すると子供たちは、自分の声を見つけ、悩みや問題、感情を表現するようになります。そのうえで、私たちは子供たちが自分自身をケアし、安全に過ごす対処法を身につける手助けをします。そうすると子供たちは思春期になる前には回復のプロセスを歩み始め、それを深めることで、家族の依存症の有害な影響から逃れることができるし、実際に回復するのです。回復力、直観力、知性、正直さ、信頼と愛情を求め、似たような経験をしてきた他の子供たちとのつながりで学んだことによって、子供たちは生き延び、成長します。

さて、何が特別な魔法なのでしょうか？　回復のプロセスは子供たちの回復のレベルをはるかに超え、家族システム、特に両親に対して劇的な影響を及ぼします。子供たちが、親の病気に立ち向かうときに抱く愛情と関心が大人を立ち止まらせ、何世代にもわたる依存症の連鎖を打ち破るための、新たな強い責任感を与えます。

私の仕事で最も報われることは、おびえて混乱していた子供たちが、自信に満ちて元気いっぱいの有能な若者に成長するところを見られることです。子供に関わることのある方なら、私の言っていることがわかるでしょう。実際にどの大人も、特に両親や祖父母は、こうなることを子供たちに望んでいるのです。

本書の中で、私は子供たちの声や経験、そして子供たちの物語を分かち合い、子供の視点から大人が依存症をより理解できるようにしていきたいと思っています。子供たちの物語を織り交ぜることで、学ぶべき課題、うまく使える技術、避けるべき落とし穴が見えます。これは数十年にわたる子供のカウンセラーとしての私の仕事に基づいたものです。子供たちへの治療的な介入の影響が続いている感覚を読者にももっていただくために、どの章でも同じ家族の人生を垣間見て、プログラムの戸口に立ったときから現在までの旅を分かち合います。大成功からも悲劇からも、家族それぞれが回復の中で学んだ技術は、一人ひとりにとっても、家族全体としても役に立ちます。

どの話からも、子供たちが無邪気さと驚きと自発性と畏怖の念をもち、ユニークな視点で世界を眺めているということに気づかされるでしょう。本書は簡単なテクニックや誰もが使える技術で子供たちや家族の成長や長期にわたる回復を促します。あなたが両親や祖父母、カウンセラー、先生、聖職者、ユースワーカー、保護者、介護者、どんな立場であっても（回復中であってもそうでなくても）、本書には耳を傾けてほしいメッセージがあります。依存症によって家族の中で傷つけられてきたどの年齢の子供たちにも希望があります。子供たちの痛みを知り、子供たちの回復が家族の回復には絶対不可欠であることがおわかりいただけるはずです。

第1章 家族の肖像

はじまり

キッズ・ゾーン（訳注：著者の働いているベティ・フォード・センターにある、子供プログラム専用のビルにある一室）に入ってきた子供たちは、少し緊張して、神経質で、混乱しているように見えました。椅子に腰かける間も、子供たちには悲しみの雲がかかっているようでした。子供たちの父親のブレントは、この子供のための場を見まわし涙を流していました。沸き立つ感情の中でひときわ際立っているのは、彼らがお互いに愛し合っているということでした。

アンジェラは、大きな瞳と豊かな表情をもつ、九歳の美しい女の子でした。アンジェラは父親の手をやさしく、しっかりと握りしめ、父親の顔をじっと見上げては、目が合うとほほえむのでした。ブレンダンはやんちゃな六歳の男の子で、興奮して何度も椅子からジャンプして父親の膝に飛び込んでは、父親に抱きついていました。ブレントは子供たちのそばにいて、静かに安心させようとしていました。間違いなくブレントは子供たちを誇りに思っていました。これがすべての始まりでした。

ブレントは早く回復しようと努力しており、ソーバーになって（訳注：断酒をして、の意。薬物依存症の場合には、クリーンになって、などという）四か月でした。ブレントと妻のジュディは子供たちのためにちゃんとしたいと思っていました。依存症は家族に大混乱をもたらし、ブレントが飲酒をやめてもそれは続いていました。

子供たちがその場の安全を感じてうちとけるのに時間はかかりませんでした。親向けのオリエンテーションのために父親が部屋を出ていって一時間もすると、アンジェラは両親のけんかのこと、別居したことが非常につらく、悲しかったことを語りました。「ときどきとても悲しくなって、学校から家に帰らなければいけないことがつらくなるの。勉強は手につかなかった」ブレンダンは姉の様子を見て、しだいに心を許していきました。「どうしてお父さんはこういうミーティングに行かないといけないの？　うちでぼくと遊んでほしいのに」ブレンダンは強い口調で言いました。二人とも怯えていて、混乱し、怒っていましたが、すぐに落ち着いて、しきりに質問を始めました。

プログラムの初日の重要な部分は、愛する人と、自分たちを苦しめている病気とを子供たちが区別できるようになることです。この重要な学びを実感できるように、「依存症ゲーム」と呼んでいるパワフルなゲームをします。子供たちが見たり聞いたり反応したり、それに感情をきちんと感じることができるように、私は目に見える形のあるものとして「依存症」役を演じます。このゲームをするときには一人ずつ「依存症」と出会って、あらゆる嘘を聞くことになります。「君の問題を全部消してあげるよ」「私といれば幸せで楽しい気持ちだけでいられるよ」「君をもっと強く、賢く、おもしろくしてあげよう。友だちもできるよ」などと子供たちに語りかけます。この病気は大きな罠を仕掛けていて、そこに行ったらすぐにひっかかってしまうのだということを、子供たちは見て感じることができます。依存症が人にとりつくと、そこから逃げることはできません。この強烈なイメージを、子供たちは見ることができるのです。

ブレンダンとアンジェラもこのゲームをしました。ブレンダンは結局、罠にかかり、父親がもがき苦しんでいるということを遊びの中で体験したのでした。アンジェラは病気に対してノーと言い、罠にひっかかりませんでした。ゲームの最後に、アンジェラは悲しげに感想を述べました。「もっと前にお父さんが病気にノーと言ってくれていたらよかったのに」アンジェラの鋭い意見に他の子供たちもみんなうなずいていました。

二日目は自分の物語を書く日でしたが、アンジェラはためらっていました。私がアンジェラのところへ行くと、彼女は小さな声で教えてくれました。「お父さんを傷つけたくないの。今はよくなってきているから」

「ぼくも君のお父さんを傷つけたくはないよ。お父さんの病気についてだけ書いてくれたらいいんだ」と私は説明しました。

アンジェラは目を大きく見開いてペンを取ると、文章を書きだしました。アンジェラは全身全霊をこめて十枚にもわたる文章を書きあげました。ブレンダンは二、三絵を描いていました。小さな男の子にとっては、この作業はちょっと難しすぎたようです。ブレンダンは鉛筆だけを使い、両親がけんかをしていて、自分は泣きながら離れたところで立っているという絵を描いていました。両親は怒っていて、ブレンダンはとても悲しそうに見えました。シンプルだけれど、力のこもった絵です。

プログラムの三日目、アンジェラが一番でした。アンジェラは輪の真ん中に椅子を引っ張り出すと、父親にも同じように椅子を出すように言いました。私は子供のもつ勇気と強さにいつも驚かされます。私は自分が九歳だったときには、アンジェラと同じようにはできなかったと思います。私がアンジェラと父親にお互いに見つめ合うように言うと、アンジェラは泣きだしました。父親のブレントはアンジェラに本当のことを話してほしいと思っている、何を話しても困らせるようなことはしないと約束すると伝えました。

アンジェラは語り始めました。「お父さんのことが大好きよ。いつも、これからも。これはお父さんの病気についての話よ」涙がブレントの頬を流れ落ちました。ブレントの表情も姿勢もオープンでくつろいでいました。アンジェラは、両親が叫んだりけんかしたりしているときのことを話すとき、すばらしい仕事をやってのけました。アンジェラは書いた文章のどこを読むか、どこを言わないことにするか、慎重に選びながら読み上げていましたが、病気に対しての怒りや、父親に対しての愛情は、その間ずっと光り輝いていました。アンジェラが父親を傷つけたくないと思っているということは明らかでした。アンジェラが読み終えると、私は彼女に、父親に言いたいことは他にないかとたずねました。アンジェラは「私はお父さんを失いたくないの」とだけ言うと、父親の腕の中に飛び込みました。二人は固く抱き合って泣きました。母親のジュディは病気の赤ん坊と家に残っていたので、このすばらしい瞬間を見逃してしまいました。

ブレンダンも勇気があって正直でした。彼は描いた絵を見せると、悲しみと混乱の気持ちを分かち合いました。ブレンダンは父親のことをとても愛していたので、これは非常に難しいことでした。ブレンダンが気持ちを言えなかったのには、父親を傷つけたくないとか、父親が怒り狂ってしまわないか心配だとか、怒ってまた飲むんじゃないかと不安だとか、さまざまな理由がありました。「ぼくたちと一緒に家にいてよ」ブレンダンは最後にこう言いました。苦悩がこの小さな男の子の顔に満ちあふれていました。姉と同じように、彼の最後のコメントも印象的なものでした。「ぼくは依存症が嫌いだ」ブレンダンは強い怒りをこめてこう言いました。父親は黙ってうなずくと、息子に手を差し伸べ、静かに強く抱きしめました。「ブレンダン、お父さんも依存症は嫌いだ」

……………どんな人たち？

アンジェラやブレンダンのように、少年少女たちは見かけも大きさも人種も違っていて、少なくとも一人のきちんと面倒を見てくれている大人と共にプログラムにやってきます。そして、不安そうに輪のまわりに座って、何かが始まるのを待ちます。キッズ・ゾーンの部屋には多種多様な家族がいます。核家族、一人親の家族、離婚後に子連れどうしで再婚し養子縁組をした家族、里子を迎えた家族、ゲイの家族、人種の入り混じった家族――あらゆる家族です。依存症は実に等しく誰もがなりうる病です。年齢、人種、性別、文化、教育レベル、性的志向、社会経済的地位――何も関係はありません。

親がすでに回復の途上にあるという子供もいます。愛する人がまだ病気の影響下にある子供もいます。子供が産まれたときにはすでに回復途上にあって、親が飲酒したり薬を使ったりするところを見たことがないというラッキーな子供も何人かはいます。愛する人に二度と会えない子供もいます。依存症は命に関わることもあるのです。子供たちがここにやってきたのは、父母のためかもしれませんし、祖父母、おじ、おば、きょうだいのためかもしれません。子供によって、この場にいる事情はまったく異なりますが、同時にまったく同じでもあるのです。

この部屋でこれから何が起こるのか、手がかりを得ようと、部屋を神経質に見まわしますが、ここがみなれた「自分の家のようだ」と思うことはほとんどありません。子供たちもその家族もまったく違って見えますが、誰もがこの知らない間に進行する病と共に生活することの混乱と苦しみを体験的に知っています。そのほとんどが悲しみや傷つき、孤独、約束を破られる怒り、言葉の暴力、ネグレクト、不安定な家族に関係することです。

ほとんどの子供たちが、ストレスや継続する恐怖、アルコールや薬物のせいで愛する人を永遠に失うのではないかという不安にさいなまれています。子供たちの多くは、どういうわけか、親に起こった依存症という病は、そして関連して生ずる多くの問題は、何ごとも自分のせいだと信じ込んでいます。勇気ある努力にもかかわらずものごとがうまくいったためしがありません。子供たちの無力感、自己否定感、戸惑いや孤独、沈黙、秘密というものは気味が悪いくらいよく似ています。子供たちはひとりぼっちだと感じてきていますが、今ここへきて、そうではない、ということにうっすらと気づき始めます。個々のさまざまな違いがあっても、みな同じなのです。さぁ、旅の始まりです。

エイリアンが来る

子供プログラムにはじめて参加する子供たちの様子はさまざまです。何が起こるのかと不安におののいている子供もいます。何もかもみんなお前のせいだと誰かに言われることを恐れているのかもしれません。満面の笑みで楽しそうにしている子供もいます。ここが安全な場所だと感じ、自分と同じような問題や感情、心配ごとを抱えた他の子供たちと過ごすことを喜んでいる様子です。非常に混乱している子供もいます。まわりの大人たちがここは何をするところなのか十分説明できなかったためです。

はじめの一時間、私のもっとも重大な責任と役割は、みんながプログラムの進行に慣れるように手助けすることです。防衛的になる子、反抗する子、泣きだす子もいれば、昔からの友だちのようにふるまっている子もいて、これは骨の折れる仕事です。しかし私たちは六十分間、重要な課題を一つずつこなしながらじっくりと進め、雰囲気作りをしていきます。グループの参加者はファイルを飾り付けて、自分の好きなような仕様にします。そして、プログラムが終了してから私たちが何か送ったりできるように、封筒に自分の住所を書きます。（これははじめに読み書きの能力をアセスメントするとても簡単な方法でもあります。）それから、子供たちは地図上で自分の住んでいる場所にピンを刺します。このピンはプログラムに参加したことの永遠の証となります。時間が許せば、大きなボールでゲームをします。床に落とさずに五十回ボールを回すことに成功したら、お楽しみ賞がもらえます。たとえば、ピザランチ、アイスクリームといった具合です。プールがある場所なら、スタッフが服を着たままプールに飛び込む、というのもあります。私はこれまでに何回飛び込んだか——六七五回までは数えていましたが、そこから先は忘れてしまいました。グループを手早く一つのチームにまとめるには、これはすばらしいやり方です。ぜひやってみてください。

依存症という言葉を口にする前に、楽しみや快適さ、愛情や安全を感じてもらえるようにと、私たちは期待しています。

私ははじめにこう言います。「ここにいるみんなには共通点があります。私たちの愛する人はお酒や薬の問題を抱えているということです。さぁ、グループのみんなと自己紹介をし合おう」なかには家族の誰が依存症の問題を抱えているのか知らない子供もいます。非常にうまく子供に隠していたのでしょう。依存症の家族はいないと言ったり、タバコを吸うおばさんやおじさんの話をしたりと、完全に否認している子供もいます。家族の誰が依存症であるかを認めているだけでなく、うっ積した気持ちがあふれ出るように正直に語る子供もいます。初日のうちは子供たちの立場を否定はしません。子供たちがわからないと言えば、これから一緒に考えていこうと話します。子供たちが「うちの家族には依存症の人はいない」と言っても、明日からの数日間でたくさんのことを学んでいきましょう、と答えます。これは過程であって一時の結果を求めるものではありません。過程は根気よく推し進めていかなければなりません。時は我々の味方なのですから。

私は、トミー、ソフィー、ジャスティンというきょうだいの参加していたグループを忘れることができません。きょうだいは同じグループにならないようにするやり方もありますが、私はきょうだいで参加してもらいます。共に学んで成長し、癒される機会を与えます。きょうだいは共に家族の病気を経験しているので、癒しの体験も一緒にさせるのです。私たちはきょうだいそれぞれが自分の体験ができるように、意識的に行います。隣どうしでの会話は妨げになるだけなので、いつでもできるだけきょうだいが隣どうしで座らないように準備します。また、きょうだいが代わりに答えたり、自分でできることをきょうだいがやったりということもさせないようにしています。

子供プログラムへの導入が始まったとき、トミー、ソフィー、ジャスティンはまとまって座っていました。トミーは最年長で十二歳、シェアがトミーの番になったときには、やや反抗的で自分の殻に閉じこもっているように見えました。気まずい沈黙が長く続いた後、トミーはこう言いました。「このプログラムに出たら新しいゲームソフトを買ってくれるってお母さんが言ったんだ」少しの間、トミーのお気に入りのゲームの話をしました。特に完全にマスターしたゲームの話を聞きました。それからグループの他の参加者も順に進め、多くの子供たちが依存症の家族は誰か正直に話しました。緊張が張り詰めていき、生々しい感情にあふれた部屋で、とうとうソフィーの番になりました。この利発な九歳の女の子は、感情をすべて封じ込めようとしていましたが、涙がこぼれていました。「ときどきお父さんとお母さんがひどいけんかをするの。ドキドキするし怖いの」ソフィーは家族の誰が依存症なのか言いませんでしたが、トミーよりはたくさんの情報や感情が含まれた話でした。家族のけんかを見たことがある人はいるかとグループ参加者に投げかけると、ほとんどが手をあげました。ソフィーは一人ではないと感じたことでしょう。

最後にジャスティンの番になりました。一番最後ではありましたが、この七歳の男の子は椅子の端に腰かけて、立ち上がる準備をしていました。「ぼくの家で起こっていることを話させて」

ジャスティンは無邪気に話し始めました。トミーの方へ目をやると、イライラと頭を振っていましたが、ジャスティンは幸いそれには気づいていないようでした。「お父さんは一時間トイレに入るんだ」トミーは続けました。「でも流さないんだよ。タバコのにおいがしてきて、それを嗅ぐと怖くなるんだ」みんながジャスティンの言葉に集中しました。「やっとドアが開くと、不機嫌な狂ったエイリアンがお父さんの身体にのりうつっているんだ。お母さんが傷つけられて悲鳴をあげることもある。トミーが助けを求めに行こうとすると、その前にお父さんがトミーをつかまえるんだ」この時点でトミーは涙を流して椅子に座ってかがみこんでいました。逃げ出したそうにも見えましたが、弟の正直な話に固まっていました。ソフィーは、プログラムで働く女性カウンセラーの一人に温かく抱きしめられていました。ジャスティンは話を続け、グループのみんなは彼の話に全神経を傾けていました。「ソフィーは走ってベッドの下に隠れる。ぼくはクローゼットに行き、エイリアンが行ってしまうまで隠れている」ジャスティンは深呼吸して息を大きく吐くと、部屋を見渡して私に目をとめ、こう言いました。「先生、ぼくたち家族を助けてくれますか？」さぁ、これからです。

危険性から将来性へ

依存症の問題のある家族に生まれた子供は、成長の過程で、行動、感情、身体、心理の面でさまざまな問題を抱えるリスクがあります。彼らは、アルコール依存症、薬物依存症など、強迫的問題行動に陥るリスクがもっとも高いグループです。遺伝と環境の強力な組み合わせにより、依存症は世代間に受け継がれる遺産となります。これはどこで止まるのでしょうか。止められるのでしょうか。

依存症者の子供たち（Children Of Addiction：ＣＯＡ）は偉大な将来性を秘めた若者でもあります。アメリカでは、予防や早期介入のプログラムが地域や学校で行われています。子供たちの愛する人が破壊的な依存症の途上にあったとしても、これは子供たちを援助し、希望を与え、癒すプログラムです。このようなプログラムは支援センターや家族サービス機関、宗教団体から提供されますが、子供たちが家庭で直面するさまざまな困難に前向きに対処するための重要なメッセージやスキル、戦略を与えてくれるものです。

回復の研究では、人生における苦難や逆境を克服することができた人の重大な要因が示されています。その要因とは、面倒を見て育ててくれる大人の存在です。それはカウンセラーである必要はなく、誰でも子供たちの面倒を見て育ててくれる大人でよいのです。他の何ごとよりも、私はすべての子供にとってこういう大人であろうと、何年にもわたりたゆみない努力をしてきました。

変化は少しずつ

砂漠では四十度を超える、ある八月の日のこと（訳注：ベティ・フォード・センターは、カリフォルニア州内陸部の砂漠地帯にあり、避寒地として有名）。子供プログラムの初日、クロエという七歳の女の子が気の進まない様子で部屋に入ってきました。両親はクロエを監視でもしているかのようにつかず離れず張り付いています。クロエはすばやく名札を書くと、静かに席につきました。両親はさよならを言って立ち去りましたが、その後の七時間、クロエは首までファスナーをしめたまま、上着を脱ぎませんでした。かなり汗ばむ陽気にもかかわらず、食事やものを書くとき以外、クロエは上着を着て、手をポケットにつっこんだままでした。目を合わせることもなく、ほほえみを浮かべることもありませんでした。両親は、クロエは母親の病気のことを話さないだろうと私に言っていました。母親は半年間、しらふでおり、これまでクロエは二人のセラピストにかかっていましたが、口をききませんでした。両親は驚き、困っていました。

二日目も、ほとんど何も変わりません。上着は着たままで、手はポケットの中、ほとんど目を合わせず、笑顔もありませんでした。クロエはグループのまわりにいるような形ではありましたが、すべてのプログラムに参加していました。このようなときには、子供はこちらが考えるペースではなく、自分のペースで成長するものだということを思い出さなければなりません。子供はありのままでいることが尊重されることが大切です。グループのメンバーはみな、クロエのやり方をそのまま受け入れ、少しずつクロエに興味をもち始めており、その存在を認めています。この日の夕方、かくれんぼをしているとき、私はクロエが上着のファスナーを開けていることに気がつき、笑顔も見かけました。クロエは私に見られていることに気づくと、笑顔をさっと消しました。変化は少しずつです。

三日目、私たちは床の上でコラージュを作っていました。厚紙に雑誌に載っている写真や言葉を切ったり貼ったりしていました。私の目の端に、クロエがゆっくり近づいてくるのがわかりました。この七歳の女の子は、まっすぐに私のところへやってくると、ほんの数センチのところまで顔を近づけました。私は驚いて動けませんでした。静かな息が私に数秒の間かかり、クロエが何か私に聞きたいのだということに気づきました。さあ来い、臨床的な訓練は受けている、そう来なくっちゃ！　私は、内心そう思いました。私はゆっくりと顔を向けてささやきました。「何でも聞いていいんだよ。何を聞いても君は困らないということを約束するよ。もしぼくが答えられなければ、答えられる人を探そう」クロエは口を開こうとしたとき（真実の瞬間！）さっと部屋を見渡すと、みんなが私たち二人をじっと見ていることに気がつきました。クロエの目がきらりと光ると、私に駆け寄り、部屋のすみの人気のない奥へと連れていきました。家族や感情、秘密について話そうとしているのが私にはわかりました。これぞブレークスルー（突破口になる大きな進歩）です！

部屋のすみで、ゆがんだ笑顔がクロエの顔に浮かび、心を落ち着けようとしているようでした。大きく息を吸い込んで吐いて、言葉がクロエの口から転がりだすように飛び出してきました。「先生はどこでお仕事しているの？」こんな言葉を失うような体験をしたことはありません。

私の顔に困惑の色が浮かんでいるのを見ると、私のために親切に質問を言い換えてくれました。「一日中、私たちと床の上で遊んでいて、どこでお金を稼いでいるの？」彼女は遊びで言っているわけではありません。真剣でした。クロエは私のことを心配してくれていて、私はそれに感謝しました。

私は「仕事をしていないんだよ」と無意識に口走ってしまいました。

クロエは賢そうにうなずくと、満面の笑みを浮かべました。「そうだと思った」そう言って私を抱きしめると、グループのみんなのところに急いで戻っていきました。

そのとき以来、私はみんなより大きい、一人の子供になりました。クロエと共に楽しみ、信頼される子供です。その週の残りの時間、クロエは一生懸命プログラムに取り組み、全力で遊び、笑顔を殺すことはもうありませんでした。そして上着を着ることも。最終日、クロエは母親が飲酒しているときの怒りや悲しみ、傷つきについて語りました。

こんなすばらしい仕事が他にあるでしょうか！

パラダイム・シフト
ストレングスモデルに基づくアプローチ

これまで何年もの間、依存症の家族をもつ子供たちへの関わりには、欠損モデルの視点が利用されてきました。これは、悪いものや失われたものを見つけ、ときとしてそれを治そうとする方法です。

残念なことに、このアプローチは疾病論や病理学に基づいています。すばらしい子供たちの多くが、すでに自分に何か問題があると深く信じ込んでしまっています。愛する人から直接的、間接的にこんなショッキングなメッセージを受け取ったとしたら、そう自分で思っただけだとしても、この考えは子供たちの心に重くのしかかり、気持ちを沈ませます。このモデルは、子供たちは十分ではないというメッセージを強化します。なかには、誤って精神科的な診断名をつけられてしまい、子供がダメージを治していかれるようにセラピストが個別に働きかけをする場合があります。このような医学モデルのセラピーを本当に必要としていて、効果がある子供もいますが、私が何年にもわたる関わりの中で培ってきた信念としては、子供たちが学び、成長し、癒されるための教育的なサポートグループの方がむしろ大きな価値と効果があると思います。

子供たちはサバイバーです。家族内のルールはしょっちゅう変わり、次に何が起こるのか誰にもわからないような、非常に混沌とした予測もつかない環境をなんとかくぐりぬけて生きてきたのです。依存症者がいる家庭で、子供たちが対処しなければならないことを抱えながら、毎日、学校へ行くというだけでも、奇跡に近いことです。

ストレングスモデルに基づく視点は、子供たちが自分は特別な存在なのだと理解することに役立ちます。私はグループセッションの中で、子供たちが自分のもっているストレングスやギフト、ツールを見つけるのに役立つように、〝大きな鏡〟を使うことがあります。子供たちがこれらの資質を見つけ、自分を受け入れ、健康な人生を目指していかれるように、この資質を深めていくことが目的です。このような欠損モデルからストレングスモデルへのパラダイム（訳注：その人の問題や課題を把握する方法）・シフトは、子供たちが自分の中の肯定的な部分に焦点を合わせ、いかにしてこの困難な人生を生き抜いてきたか、自尊心を高めるのに役立ちます。

そこには希望があります。悪いことにばかり目を向けてきた子供が、自分のもっているスキル、ツール、自分を助けてくれる思いやりのある大人たちに目を向けるようになります。

違う見方をする

すぐにでも解決しなければならない大きな問題が起こっています。十二歳の女の子、アリソンはプログラムに参加したくないようで、ずっとしかめ面をしていて、たまに口を開けば皮肉たっぷりで不満を言うのでした。アリソンはグループの中で最年長でしたが、別の十二歳の女の子が家庭の緊急の用件で急にやめることになったときには、この問題はいっそうひどいことになりました。アリソンの年齢に近い子は、今は他にいません。そうなって初日、私は彼女を自由にさせておきましたが、彼女に数回話しかけたときにはまったくうまくいきませんでした。アリソンは人との関係を築けず、プログラムの間中、完全に軽蔑した様子だったので、それが年下のメンバーの間に広がることを私は心配していました。

アリソンには私の心をとらえる何かがありましたが、それが何かはうまく言えません。私はアリソンにグループに残ってほしいと思っていましたが、グループがまとまることが優先でした。アリソンはみんなを遠ざける名人です。皮肉を言ったり、沈黙したり、軽蔑したり、あらゆる方法で怒りをまき散らしているとき、父親のアルコール依存症と戦い続けていることに打ちのめされている傷ついた孤独な少女がそこに見えます。アリソンは中学一年生を留年しており、人生が砕け散っていました。このことを胸に、私は二日目を始める前に大きな賭けに出ることにしました。私は個人的にアリソンに声をかけ、完全に油断しているところをつかまえました。「君がもしここにいたくなければ、いる必要はないんだよ。お母さんにはそう言っておいてあげよう」と言うと、アリソンは自分がグループから追い出されるのだと思ってびっくりしていました。アリソンは頭を垂れて黙っていました。「もしこのグループにとどまるつもりなら、プログラムに参加する必要があるよ」私は続けました。「子供たちはみんな君に一目置いているよ。みんなも家族の依存症の問題で傷ついているんだ。ものすごくね。ぼくは君にリーダーになってほしいと思っている。みんながよくなる手助けをしてくれないか」アリソンはついに私のことを見ると、うなずきました。さまざまな考えや思いが彼女の胸に広がりました。アリソンは静かに立ち上がると、グループセッションの部屋に向かいました。アリソンがいなくなると、私はこれがうまくいくようにと願いました。そして、この方法がこれまで何度も失敗していることを思いました。

アリソンはほんの少しずつ目立つようになり、活気づいてきました。アリソンには生来のリーダーの素質があり、それが今にもあらわれようとしていました。それが発揮されたのです。子供たちがグループセッションで自分の気持ちを話すと、アリソンが割って入ります。「私も八歳の頃は、親がひどいけんかを始めるとそれは怖かったわ」アリソンは承認を求めて私の顔を見ると、話を続けました。「お父さんがお酒を飲んでいると今も怖くなる」アリソンは遊びにも積極的で、それはとても楽しそうな光景でした。プールではルイスに泳ぎ方をたった二日で教えました。ある午後のプールの後、私はすばらしい場面に出会いました。ぬれたタオルを洗濯かごに入れると、ルイスはアリソンにこう言いました。「ぼくね、神様にお祈りしていたの。お父さんとお母さんが病気だから、泳ぎ方を教えてくれるお姉ちゃんがほしいですって。神様、ぼくのお願いを本当に聞いてくれんだね」ルイスは全身の力を込めてアリソンに抱きつきました。私は角を曲がったときにアリソンの顔が見えました。アリソンは笑顔で涙を流し、この七歳の弟のような男の子を抱きしめていました。

アリソンは家族と話をする中で、母親についての現実を見つめました。アリソンは長い間ずっと抱えていた心の傷や孤独を外に出したのです。「お母さん、私のことを愛して。ごめんね、私もっとうまくやれるから。だから私のことを愛してちょうだい」プログラムの最後にはアリソンの母親はこの変化を喜びましたが、これは始まりにすぎず、二人のケアを続けることが重要だと私は伝えました。アリソンはプログラムをやめることも簡単でしたが、彼女の内面の特性として、思いやりとリーダーシップというストレングスがあり、そのストレングスがアリソンを新しい道へ導いたのです。ストレングスとつながれたというのは、なんとすばらしい贈り物なのでしょう。がんばれ、アリソン！

家族の遺産を変える

私がこの仕事で出会う子供と大人の唯一の違いは、大人は自分自身が子供だったときにこうしたプログラムを受けていないということです。大人たちの多くは内面に、愛され、尊重され、守られ、敬われる必要のある傷ついた子供を抱えています。私たちは、この父母や祖父母に、子供たちが受け取るのと同じやさしさや価値、思いやりを向けます。私はこの大人たちに感嘆し、温かい気持ちを抱いています。彼らには子供や自分自身への援助を求めるという勇気とストレングスがあるからです。彼らは自分が子供だったときには得られなかった贈り物――成長し、学び、遊び、癒されるための安全な場所を、今自分の子供に与えています。非常にたくさんの大人が、依存症を抱えた家族の中で育つことの痛みや混乱を実体験として知っているのです。

依存症は家族から何もかも奪い去ります。ストレスや混沌、不確実な生活の中で、誰もが影響を受けます。病気の苦しみの中にいるときには、アルコール依存症者、薬物依存症者は、その病のために、自分にとってもっとも大切な人たちを変わらずに愛し続けるということができません。子供を支援するためのプログラムに連れていくという行為は、非常に愛情のこもったものでありながら、実際に子供は傷ついていたと依存症者自身が認めることでもあるのです。最後まで否認が残るのは、依存症が子供を傷つけていたと認めることについてです。これを認めることは、なかなか難しいものなのです。なぜなら、依存症という病が傷つけたのではなく、自分が傷つけていたと思うために、それを認めたくないからです。大切な子供を傷つけたのは、母親でもなく、父親でもなく、実は依存症という病なのですが。

何年もの間に、私はさまざまな言い訳を聞いてきました。子供はわかっていない、まだ小さかったから影響なんて受けていない、子供が寝ているときしか飲んでいない（薬物を使っていない）、子供のいないところでしか使っていなかった、などなど。治療を受けている人がある日、本当の意味で気づき、この自分でも望んでいない病気が、自分を傷つけるだけでなく、子供たちをも傷つけていたのだと認めるのを、私はたくさん見てきました。自分も子供のときに同じような家族の中で育った痛ましい記憶を認め始めると、この気づきが深まることがあります。恐ろしいことに、この病気は次の世代へと受け渡されます。子供が健康的な成長を始めるのを見ると、大人も、自分の中にいる内なる小さな子供、インナーチャイルドを癒し始めるのは驚くべきことです。

ひげを生やした子供

家族グループセッションで「家族の遺産を変える」ことについて話をし終えたときのことです。一人の女性が講義を終えた私の後を追って廊下まで追いかけてきました。この愛すべきご婦人は、どうして母親と一緒にいられないのかを理解できずに怒って混乱している、傷ついた孫息子のことを語りました。彼女は孫のことをとても心配していて、娘が治療を受けている間、孫の面倒を見ているということでした。五歳のビリーは治療センターの家族プログラムの中の子供プログラムに参加するには小さすぎました。しかし、祖母はビリーに対する支援を強く求めたので、私は家族セッションをすることにしたのでした。

母親の使う薬物はメタンフェタミンで、家族に壊滅的な影響を与えることで非常に有名な薬です。祖母はビリーの人生を陰日向に支えてきましたが、この少年は混沌とした、危機的で予想できないような人生を目撃し、経験してきました。祖母は娘が自己破壊的になるのを見て、ビリーに安心と愛情を与えられる、信頼できる唯一の人になりました。娘の治療がうまくいくかどうかにかかわらず、祖母はビリーやその妹を優先していることがわかります。

ビリーは母親に再会することをとても楽しみにしていました。母親が部屋に入ってくると、ビリーは母親の腕の中に飛び込んで、首にぎゅっと抱きつきました。母親はビリーのことがどれだけ恋しかったかを語り、キスのシャワーを浴びせました。私は床に座って三十分のセッションを始め、ビリーの人生に近頃起こっている出来事を理解できるようにしようと語りかけました。ビリーは動揺し、不安そうに、輪になって一緒に座っている母親と祖母を見ました。

私はビリーに学校へ行っているかどうかをたずねました。「ビリーはプレスクール（幼稚園）に行っています」と祖母が答えました。

「学校はおもしろい？　新しいことをいろいろと勉強しているのかな？」と私はたずねました。ビリーの茶色い大きな瞳がくるくると動くと、私に目を向けました。「あー、うん」ビリーはつぶやきました。

「お母さんはどこに行っているのだろう、って考えているんでしょう？」と聞くと、ビリーはうなずきました。

「お母さんも学校に行っているんだよ、君みたいにね。大きな声を出したり、けんかしたり、君を置いていったりしない、いいお母さんになる方法を勉強しているんだよ。ここにいればお母さんは安全だよ」と、私は説明しました。「それでね」

「何？」ビリーは私を期待のこもった目で見ました。

「お母さんは毎日君の話をするよ」ビリーの美しい茶色い目が輝くと、ぱっと笑顔になった。

「お母さんに会いたいよ」涙がこぼれ落ちました。

「私もビリーに会いたいわ、とってもね」母親がそう言うと、ビリーは母親の膝に這い上がりました。

「お母さんは学校で他に何をしているの？」ビリーの好奇心と信頼感はどんどんふくらみます。

「お母さんはもう薬を使わないようにするための勉強をしているんだよ」と私は答えました。

この痛ましい現実をわかっているビリーは「この学校大好き」と叫びました。ビリーは母親を見上げると、やさしく語りかけました。「お母さんには意地悪なやつらにいじめられてほしくないいんだ。ぼく、夕飯にシリアルを作れるよ」ビリーは堂々と言いました。「ぼくたちと一緒にいてほしいんだ。お願いだよ、お母さん」それからビリーは私を見るとこう言いました。「ここで悪いやつらにお母さんをいじめさせるつもり？」

「とんでもない」私は答えました。

長い抱擁の後で、私は言いました。「君は毎日学校に行って、その日の勉強が終わったら家に帰るよね」ビリーは小さな頭でうなずき、私は続けました。「お母さんはプログラムをやり終えるまで、ここにいなくてはならないんだ。これは難しいけど大切な勉強で、時間がかかるんだ」と、私は説明しました。「君や妹さんと一緒に家に帰れるときまで、お母さんはここにいるよ」と私は言いました。

話しているうちにビリーは落ち着き、いろいろと質問をしてきました。ビリーは自分の感情を絵に描き、すっかり陽気になっていきました。私とハイタッチをしたり、賢いとほめられるのを喜びました。私の声色遊びが大好きで、特に、クッキーモンスターやドナルドダックの声まねがお気に入りでした。

ビリーが遊んでいる間に、私は母親と、回復を続けることの重要性について、それが一番の子供たちへの贈り物になるということを話していました。祖母には寝かしつけたり、家庭のルールやしつけといったものを教えたりする際のヒントを伝えました。

セッションが終わる頃には、希望が部屋に満ちていました。ビリーは飛び跳ねるようにして歩き回り、満面の笑みを浮かべ、ときどきくすくすと笑っていました。母親に別れを告げることはまだ難しいようでしたが、ビリーはまたすぐに母親に会えることを知っていました。再会を本当に信じられるようになったのでした。

このように、小さな子供の場合でも、丁寧に説明するとうまくいくことがあります。家に帰る車の中で、祖母はこの五歳の男の子にたずねました。「ジェリーのことをどう思う？」ビリーはしばし押し黙りました。それから顔をくしゃくしゃにして、困ったように祖母を見ると、こう言いました。「あの子、ひげが生えてるんだよね。でも、ぼく好きだな、あの子」

ロード・マップ

子供というものは、この地球上の誰よりも多様性を受け入れ、認めるものです。子供や家族はみなさまざまで、それによってプログラムも形作られていきますが、変わらないものもいくつかあります。まずは子供たちにアルコール依存症やその他の薬物依存症について正確に、年齢に応じた説明で教えるということです。誰かの依存症や、それに伴う混沌とした状態が自分のせいではないと子供たちが理解するというのは、なんと救いになることでしょうか。子供たちには責任がないのです。そしてまた、子供たちが愛する人の病や、混沌とした状態をよくするなどということはできないのだとしっかり理解すると、みな、この痛ましい事実を嘆きます。安全で支持的な環境を作ることで、子供たちは自分の考えや感情、不安を認め、表現し始めます。子供たちはグループセッションの中で自分の痛みに触れ、それに向き合うさまざまな方法を学びます。

私の開発した子供向けのプログラムではどれでも、さまざまな対処法とセルフケアの方法を学びます。子供たちは安全な人と安全な場所という重要な概念について教わります。健康的に生きるスキルを教え、子供たちを支えるセーフティ・ネットとしてグループを使えるようにしています。最後に、子供たちは自分の本質的な美しさ、長所、価値に触れます。カウンセラーは子供たちのストレングスやギフトを本人に伝えます。また、子供たちが癒され、成長し始める活動を手助けします。

もっとも重要なのは、子供たちにただ子供でいるだけの機会を与えるということです。遊びは癒しのプロセスの中の非常に重要な要素です。子供である間に、子供が子供でいられるとしたら、それはすばらしいことで、大人になったときに子供になる必要がないのではないでしょうか。笑ったり、楽しんだり、遊んだりというのは、癒されるために必要なことです。子供たちは健康になり、理解を深めるプロセスを楽しむことができるのです。

記憶にある食事の風景

ティミーは、グループの活動を行っている部屋に入ってくると、他の子供たちと一緒に輪になって座っている大人を用心深く眺めました。この九歳の男の子はしかめ面をしながらも、手慣れた様子で落ち着いて二人のきょうだいを椅子に座らせていました。彼は年下のきょうだいたちを、ずっと用心深く見て必要なことがないか注意を払っていて、鼻水をぐずぐずしていればティッシュを持っていき、見つけられないものがあれば探してやり、ジュースが開けられなければ手伝ってやっていました。ティミーはにこりともしなかったけれど、エリーとジョージにとってはとてつもなく偉大な兄であることに、私は心を打たれていました。ティミーはとても長い間こういうことをし続けているように見えました。

この子供プログラムにティミー、エリー、ジョージを連れてきたのはこの三人の里親でした。この里親は、やさしく、思いやりがあり、養育的な大人で、本当は愛情や家族という構造、しつけを受けること、肯定的に注目されることを激しく望んでいるこの三人のきょうだいを心から気にかけていました。子供たちの生みの親は二人とも薬物依存症者でした。この家族の生活は混沌としており、予測不可能で、狂気に満ちていました。この三人の天使たちは他の子供たちよりもずっと多くのものと戦い、子供の目が見たこともないような暴力や虐待、深刻なネグレクトなどを目撃しています。それにもかかわらず、子供たちは里親を本当に愛していました。その証拠に、プログラムの初日が終わって里親がお迎えに来ると、嵐のようにハグやキスをしていました。

フィルとクレアは、もう何年も里親をやっていました。六か月前にこの子供たちを引き取ることになり、ティミーとエリー、ジョージは再会を果たしました。というのも、前は二か所の里親のところに分かれてしまっていたからです。フィルとクレアは、父親が服役しているという事実や、何年にもわたって母親が所在不明であることに対しての不安などに子供たちが対処することがとても重要だと考え、私たちのプログラムを見つけ出しました。フィルが子供たちを二日目に送り届けにきたとき、クレアは私に声をかけました。「あなたが昨日何をしたのかわからないけれど、でも、子供たちが家に帰るときに話したのはプログラムのことばかりだったの」子供たちは初日にはほとんどしゃべらなかったので、これを聞いて私は驚きました。初日、ティミーはほとんど話をしなかったのです。一日で三回も話しはしなかったのではないでしょうか。ティミーはすべての物と人をとても意識して注意深く見ていましたし、エリーとジョージは兄の様子をまねていました。クレアの目には涙が浮かびました。「朝はみんなを起こして着替えさせ、食事を食べさせて学校へ行かせなければならなくて、てんてこまいなんです。でも、今朝起きたら、子供たちはドアのそばに座っていて、もう着替えてみんな準備ができているんです」クレアはため息をついて続けた。「みんな、私に駆け寄ってきて抱きついて、『急いでよ！　遅れたくないんだ！』と言うのです。出かけるのに一時間もまだあるのに」

その朝のグループセッションでのことです。ステフィーが、酔うとたたく継父のことについて話していました。ステフィーは勇気を出して自分に起こったことを話し終えると、女性カウンセラーに温かく抱きしめられて泣きじゃくり、他の子供たちは静かにそれを見ていました。

時を見計らって、私はステフィーを見て、こんなことがステフィーの身の上に起こるなんて悲しくて怒りを感じると伝えました。「こんな風に子供が傷つけられるなんて許されないことだよ。誰にとってもね」と、強い口調で言っているとき、私は目に涙が浮かぶのを感じました。ティミーは本能的に手を振り上げてしまいそうになり、それから自分が何をしているのか考えて、やめました。みんなの注目はこの九歳の男の子に向けられました。

「ぼくも何度も傷つけられてきた」ティミーの口から言葉がほとばしりました。「ぼくもステフィーみたいに何度もたたかれたんだ。だけど、心が傷ついたときのことを話してもいい?」彼はグループのみんなに投げかけました。

「それはとても残念なことだ」私は言いました。「もっと話してくれないかい?」ティミーは深呼吸を数回すると、ジョージを見て、本当のことを話し始めました。「ぼくの以前の里親はぼくとジョージを傷つけた。このときはぼくたちは分けられて、エリーと別々になっていたんだ」

「何があったの?」私はやさしく聞きました。

「バーベキューをしていて、ステーキやチキン、とうもろこしがあった。ぼくはバーベキューをしたことがなかったからとても興奮してた。ジョージが紙皿に山ほど食べ物を取ってきた。でも、養母がこう叫んだんだ。『戻してきなさい！　お前たちの分なんてないんだよ！』ってね」ティミーは泣きだしていました。「養母はぼくたちにシリアルの入ったボウルを持って戻ってきた。ぼくは叫びだしたかったけど、困ることになるのはわかっていたから静かにしていた。『お前たち二人の分として十分な養育費をくれないからね、これがお前の取り分だよ』ティミーはじっとボウルを見つめて、黙ってそのシリアルを食べたことを話しました。「ジョージが泣きだしたら、養母は怒鳴っていたよ。『お前たち家族がこうなったのはみんなお前たちのせいだからね。いつだって悪いことをするんだから』って」グループのほとんど全員が涙を流していました。

まもなく子供たちがみんな私の方を見ました。私が怒っているのを見て、それを喜んでいるように感じました。「ひどい話だ。この里親の名前を知りたいね」私はもう一人のカウンセラーを見ると、共にうなずきました。「君たちの安全を守るためなら私たちは何でもするつもりだ」なんてすばらしいグループなんでしょう。すばらしい分かち合いです。ティミーから勇気と強さをもらいました。

ティミーはプログラムでこれ以降はすっかり明るくなって、ふざけていました。ティミーが健康的な危険を冒し、彼の世界に我々が少しだけ入り込める機会はこれからもあるでしょう。その日かくれんぼをして遊んで帰ってくるとき、センターの敷地を歩いていると、ジョージが私の手を握りました。ジョージの天使のような顔を見下ろすと、ジョージも私を見つめています。にっこり笑うと、ジョージはこう言いました。「ありがとう、ジェリー」

フィルとクレアは思いやりのある養育熱心な大人です。その前の里親はといえば、もう里親ではありません。

第2章 愛は道をひらく

沈黙を破る

ここで、第1章の『はじまり』（3ページ）に登場した家族のその後を見てみましょう。この家族ははじめの四日間のプログラムにすべて出席しました。アンジェラ、ブレンダン、父親のブレントは私たちのセッションで大きな進歩をとげました。たくさんの勇気と愛情をもって、子供たちは依存症がどれだけ自分と家族を傷つけてきたのか、心から訴えました。二人とも、すべてを語ったわけではありませんでしたが、やさしい気配りをしながら、混乱や恐れ、傷つき、悲しみ、怒りといった気持ちを語り、それはその場にいる人、特に父親の心に深く触れました。私たちはセッションを通してたくさんの種をまき、私は彼らが収穫を豊かに得られるように祈りました。週一時間の継続治療グループでこの種まきは続けられました。

ある美しい春の日、ブレント、アンジェラ、ブレンダンの三人は、すぐ近くにある祖母のマンションに泳ぎにいきました。父親と遊ぶ時間は、二人がワークの中でも願っていたことでした。これは二人にとって大きなことでした。この三か月で泳ぎにいくのが習慣になってきたのは、回復初期に特徴的な、すばらしくてやりがいのある時期に入ったからです。午後の時間を父親と一緒に水を飛ばしてプールで遊ぶというのは、なんてすばらしい贈り物なのでしょう。

スイミングの途中で、父親は何気なく言いました。「ちょっと部屋に戻ってくる」アンジェラとブレンダンはお互いにちらりと目をやりましたが、プールと笑い声に気をとられてそれ以上は考えませんでした。父親は、自分が戻るまでプールから出て、ラウンジの椅子に座っているように言いました。うるさい蜂が二人のまわりをぶんぶん飛び回っており、アンジェラは弟に「お父さんを呼んできて」と言いました。弟のブレンダンはもうすぐ七歳の誕生日でしたが、彼の人生で一番大切な人を探しにいきました。マンションの部屋に静かに近づいて、窓からのぞき見たとき、このかわいらしい少年の中で風船が突然破裂しました。

ブレンダンはプールに戻って自分が見たことをアンジェラに話しました。ブレンダンはもう隠しごとをすることはありません。「アンジェラ、ぼくお父さんが瓶から何かを飲んでいるのを見たんだ」ブレンダンは姉にこう言いました。アンジェラは弟を落ち着かせて安心させようとしました。ブレンダンは、瓶の中に入っていたのがお酒でなくて、すべてがうまくいっているままだったらいいのに、と思いました。

「お父さんが瓶の栓を抜いて飲み始めたのを見たんだ」と、のちにブレンダンは私にこう言いました。彼は悲しみと傷つきの中にありました。

「どうしてお父さんはこんなことをしたのかな？　ぼくたち、お父さんと一緒にいてとっても楽しかったのに。ぼくにはわからないよ。ぼくにわかるように教えてよ。お願いだよ。お父さんがプールに戻ってきたとき、ぼくは本当のことがわかったんだ。お父さんは千鳥足で声もいつもと違っていた」深呼吸をすると、この勇気ある少年はこう続けました。「ぼくはお父さんの正面にいたんだ。そしたらお父さんが『ブレンダン、おまえどこにいるんだ！』って叫んだんだ」

ブレンダンはいっぺんにたくさんの感情がミックスしてわきあがってきたと話しました。本当に恐ろしくて、しかし、幸せだったのです。二人はプールに戻りましたが、父親は乱暴にふるまっていました。宙返りをしたりして、子供のようにふるまっているのです。アンジェラはのちにこう言いました。「あのときのお父さんは、お酒を飲んでいなくてこういうお父さんだったらいいなと思うような感じだったわ」

ブレントは息子に泳ぎ方を教えていましたが、だんだん険悪になりました。ブレンダンがすぐにコツを飲みこめずにいると怒りだしました。「お父さんの声はすごく大きくて、ぼくはアンジェラを見たんだ。アンジェラはうなずいて、ぼくはおとなしくしていた」水泳の時間はほんの少しで急停止してしまいました。

母親がマンションに来たとき、子供たちは何が起こったかをそばへ行って告げました。子供たちが一番望んでいないのは、家族の中での対立、特に母親と父親が対立することでした。ジュディは子供たちの話をじっくり聞くと、すぐにたくさんの感情を表しました。そのために、子供たちも安心して十分に自分の感情を感じることができました。十分に抱きしめたり、涙を流したり、鼻をすすったりした後に、ブレンダンは母親を見てこう言いました。「ぼく、子供プログラムにもう一度行きたい、ぼくの中にまだたくさんの感情があるんだ。お父さんにも助けが必要だと思うよ」

この怒りや混乱、悲しみの中で、アンジェラとブレンダンは学んだことをたくさん実行していました。秘密にしておいたりせず、助けを求め、安全なところに身を置き、健康的に感情を分かち合いました。この家族には多くの重荷がありましたが、二人は笑顔で四日間のプログラムにまたやってきました。たくさんの勇気や強さ、希望に満ちていました。

つながる

部屋を見まわすと、あちこちに傷ついた顔や痛みを抱えた顔があります。混乱や不信感がどの子の顔にもはっきりと刻み込まれています。私やスタッフのことを恐れている子もいました。私たちのことを見ることもできないし、ちょっとした冗談の輪にも入れません。部屋を覆いつくしている悲しみに圧倒されるのはなんてたやすいことでしょうか。ここにいる子供たちは、その短い人生でとても多くのことをくぐり抜けてきていますが、今日、新しい始まりのためにここに集まったのです。私がいかに変化を起こすことができるかということが、今もっとも重要なことです。

子供たちの存在そのものが贈り物です。子供たちと会い、ワークをし、教え、遊び、食事をし、グループワークをします。そうすることで、それがほんのわずかな時間であっても、数分後には私の人生は豊かになります。子供たちが勇気を出して回復への第一歩を歩みだすのを見届けます。一番前の椅子から、打ち解けていくのを眺め、無邪気さや自発性、喜び、創造性、正直さがゆっくりとあらわれてくるのを見つめています。私が子供たちにできる最大の支援は、子供たちをそのままでただ愛し、子供たちが自分で自分を愛せるようにすることです。

神のご加護

子供プログラムに子供や孫を連れてくる大人を私は深く尊敬し、すばらしいと思っています。自分の子供が家族の依存症の問題で傷ついていると認めることは、勇気と強さがいることです。このように子供が幼いうちから回復の道を歩ませるのは、限りない愛情の表現です。最近、フィリップという九歳の子供をプログラムに連れてきた母親は、十一年間しらふで過ごしており、息子は母親の病気の症状を一度も経験していませんでした。

私はフィリップがこれまで経験したことのないような問題や状況にさらしたくないと思っていたので、プログラムを開始する前に、十分な時間をかけた面接を行いました。いかなる場合でもフィリップを助けるという名目で彼を傷つけたり、混乱させたり、困惑させたりしたくなかったのです。私はこのことについてオープンに、正直にフィリップの母親と話し合いましたが、彼女は息子をこの予防プログラムに参加させると言って頑なに譲りません。家族に長い依存症に満ちた歴史があるからというだけでなく、彼女が真剣に歩んでいる回復の人生をフィリップにも理解させたいからだと言います。彼女は自分が子供のときに得られなかった教育とサポートという贈り物を息子に与えたいと願っているのです。五日間のプログラムで、フィリップの役に立つよう、できることをやるということで、私たちは了解しました。

フィリップはすぐにプログラムに参加し、仲間と仲良くなりました。積極的にすべての活動に参加し、仲間の考えていることや悩みごと、問題、感情について真剣に耳を傾けました。フィリップはフォードのＦ－一五〇トラックのように大きなハートをもっているのです。人が痛ましい体験について話しているときは涙を流し、必要なら手を差し伸べ、その年齢とは思えないような賢さと信念に満ちた、驚くようなフィードバックをします。

二日目の終わりに、その日最大のプログラムとして、子供たちには依存症がいかに家族を傷つけたかについてのストーリーを書いたり、絵を描いたりしてもらいます。この重大なポイントに到達するまで、信頼を築き、親密な関係になり、結びつきを深めるのに、丸二日間かかります。同じような問題や課題、困難を経験してきた他の子供と共にいることで、子供たちにとって安全な場所が作られるというのがこのプロセスのもつ魔法です。子供たちは、自分は一人ではないんだということを人生ではじめて理解します。他の子供たちも同じような経験をしているのです。このような新しく見つけたつながりが、深く、力強く作用します。

最初、フィリップはこの課題に苦しんでいました。語るべきストーリーが何もなかったからです。母親の飲酒で友だちの前で困るようなことはありませんでした。約束を破られてがっかりしたり、酔っぱらった親とドライブに行ったりしたこともありません。フィリップは椅子に座ってもじもじしたり、鉛筆をもてあそんだりして、みんながせっせと書いている間、苦心していました。私はゆっくりと机に近づくと、彼の高さにひざまずいてささやきました。「これまで君が学んだことを書けばいいんだよ。みんなが経験してきたことを君が経験しなくてすんだのは神様のご加護だね」フィリップはうなずくとにっこり笑って書きだしました。

翌朝、スタッフは子供と大人をいくつかのグループに分けました。子供たちが家族の病について話しているのを聞いていると、大人たちはさまざまな感情を体験します。よくあるのは、恐れ、罪悪感、恥、感謝、喜び、悲しみといった感情です。グループセッションで子供たちが話し始める直前に、フィリップの母親は私の横に来て言いました。「きっとあなたは正しかったのですね、もう終わりにしようと思います」どういうことかと聞くと、彼女は泣きだしました。「私、怖いんです。息子が私のことを愛してないいって言うんじゃないかって。私たち二人のためにしらふでいようと一生懸命自分の回復のためにがんばっていたから、十分に息子と一緒にいてやれなかったのです。罪悪感があります」私はとどまるように励ましました。「このプログラムを今やめることはできません。フィリップが心から話せるようにしましょう。あなたたちのために私はここにいます」

ついにフィリップの番になり、フィリップと母親は輪の中で向かい合って座りましたが、最後に彼の番になりました。彼は自分の書いた短い文章を読むことはやめにして、母親と話すことにしたと丁寧に言いました。適切な言葉を見つけられる前に、彼は泣きだしてしまいました。「ぼくはここで大事なことを学んだよ。神様はお母さんをお作りになられたときにぼくを祝福してくれていたんだね。ぼくが産まれてからずっとしらふでいてくれてありがとう」部屋にいるほとんどの人が泣いていました。「お母さんがミーティングに行くときにもう怒らないって約束するよ。今はちゃんとわかっているから。だって、ミーティングに行くことは、お母さんがいつもぼくの大好きなお母さんでいるために必要なことなんだから」二人は数分の間、抱きしめ合いました。フィリップの母親は回復への道を探し、一歩ずつしがみつくようにして進んできました。この日、フィリップは母親になんてすばらしい贈り物をしたのでしょう！　この小さな家族は、回復という贈り物には実にさまざまなものがあるということを私に思い出させてくれました。

子供たちの世界へ

依存症の家庭で育った子供たちに私たちができる最善のことは、子供たちと健康的で養育的な関係性をはぐくむことです。子供たちはあなたがどれだけ子供たちを気にかけ、心を向けているかを知るまでは、あなたがどのくらい理解しているか気づかないものなのです。つまり、カウンセラーやグループのファシリテーターは子供たちとプログラムに取り組むときは、本音で接し、心血を注ぐことが求められているということです。カウンセラーやグループファシリテーターは子供たちにとっては尊厳と敬意をもって関わり続けてくれる、人生ではじめての大人であることがほとんどです。とりわけ、私たちは子供たちを愛する必要があります。これは子供たちに与えることのできる最高の贈り物です。ありがたいことに、私は愛情が役立つということを、自分のキャリアの中で早くに学びました。

目、耳、そして魂を使って子供の声を聞こう
子供が暮らしているのがどんな世界なのかよく観察しよう
子供の考え、感情、経験を確認しよう
正確で年齢に合った情報と健康的な生きるためのスキルを教え、エンパワメントしよう

もう子供をプログラムに合わせるのはやめ、プログラムを子供に合わせるべきではないでしょうか？　歴史的に、ＣＯＡプログラムは大人の考えと学習方法を取り入れていて、子供にそれに適応させるというものがほとんどです。そこに問題の一部があります。子供たちはすでに早すぎるくらい成長していて、大人の問題や悩み、心配に早くから悩まされているのです。

子供には子供らしくいさせましょう。あらゆる場面で子供に注目することで、愛情を与えましょう。できるだけ早く子供の名前を覚えましょう。子供たちが語った重要な話を適当なタイミングで繰り返し、どれだけあなたが真剣に耳を傾けているかを示しましょう。質問をするよう子供を促しましょう。そして子供が必要としていることがあったら、それをやりとげるために全力をつくしましょう。子供たちに大切だと言葉で言うだけではなく、子供たちがどれだけ重要な存在なのかを一貫して示しましょう。

子供になりきる

ラリーは母親がベティ・フォード・センターで治療を受けている間、子供プログラムに参加しました。ラリーは八歳でしたがまるで三十歳かのようにひどく固くてまじめな子供でした。ラリーは水泳や鬼ごっこ、肝だめし、キックボールのような単純に楽しむ活動がすべて苦手でした。競い合って努力することでないと、困惑してしまうのでした。休み時間には一人ぼっちで過ごし、ランチタイムにも冗談のおふざけには関わらずにいました。スタッフが遊びの時間だと告げて、私がふざけた格好で「ハーイ！」と叫んでも、ラリーは目をくるりと動かして、「おじさんいくつ？」と疑い深く聞くのでした。

ラリーは家の中のいろいろなことにたくさんの責任を負っていました。父親は仕事であちこちに出張しており、一人っ子の彼は、母親から絶対に目を離せませんでした。母親は処方薬依存をコントロールできずに、急激に症状が進んでいました。ラリーは母親が息をしているか確認するために、一晩に三〜四回、本能的に目が覚めます。こういったことに責任をもてる人が誰もいないために、ラリーが親にならなければならないことがあるのです。

家族との話し合いをしているとき、ラリーは母親に対しての感情を、グループのメンバーの前で勇気を出して話しました。このグループセッションには父親も参加していました。「お母さん、このキャンプに連れてきてくれてありがとう。ここはすばらしいところで、ぼくはたくさんのことを学んだよ。ぼくも他の子も、問題について話してきたんだ。ぼくはお母さんのことが好きだけど、お母さんが死んじゃうんじゃないかと思って心配なんだ」ラリーの顔を涙が伝いました。ラリーは続けました。「ぼく、お母さんが死んじゃう夢を見るんだ。びっくりして飛び起きて、お母さんが生きているか確かめに走るんだよ」声が突然、大きくなりました。「ぼくはお母さんの病気が嫌いだ。殺してやりたい。お願いだからよくなってよ」母親はラリーをつかむと、二人はむせび泣き、長い間しまっておいた、抑圧された感情を解放しました。

数分間、抱き合った後、ラリーはみんなの輪の中の自分の椅子に戻りました。父親はラリーに手を伸ばして長いこと抱きしめました。この母親との体験に勇気づけられて、ラリーは父親の目を見ると自然に言いました。「お父さん、お父さんも依存症だよ。お父さんは認めないだろうけど、依存症だ。お願いだから援助を受けてくれない？　ぼく、お父さんまで失いたくないんだ」父親ははじめは驚きのあまり口がきけずにいましたが、すすり泣き始めました。ラリーは頭を父親の胸にうずめ、二人は泣きだしました。母親は、家族の秘密を破ったのが、この勇気ある息子だということを知って、信じられない面持ちで静かに座っていました。

安全な場所を作り、さえぎられずに心から話す機会を子供に与えれば、ものすごいことが起こります。父親は午後には入院担当の部署に援助を受けることについて聞きにいきました。そして妻がプログラムを終了した日から実際にセンターに入院して治療を始めました。

一年が過ぎ、水曜日の午後の子供のための継続治療プログラムに家族全員がきちんと出席しています。両親が12ステップミーティング（訳注：ＡＡの12ステップに基づいた回復のためのミーティング）

に参加している間に、ラリーは同時に行われている七～九歳の子供向けのアフターケアグループに出席しています。家族の成長を見るということはとてもいいものです。特に、ラリーはまた子供に戻ることができました。

ある晩、グループセッションの後、ラリーはエキサイティングなニュースをもって、ものすごい勢いで私のところに駆け込んできました。「ジェリー、なんだと思う？　今度の金曜日の晩に、ぼくの十歳の誕生日会をやるんだ。その晩は特別な友だちを呼んでもいいことになってるんだよ」

ラリーはちょっとの間、宙に舞いあがりそうでした。そして、また言葉が彼の小さな口から飛び出してきました。「うんと遅くまで起きているつもりだよ、一〇時十五分前くらいまでね。ピザや映画、キャンディ探しもあるよ。夜の虫探しのために懐中電灯の新しい電池をもらったんだ。クローゼットから三つトイレットペーパーを失敬したから、正面をトイレットペーパーで飾って、ベルが鳴ったら、お父さんが怒り狂うのが見られるよ」

私が横から口を出す前に、ラリーは急いで続けました。「ぼくの特別な友だちになってくれる？　金曜日の夜七時一五分に来てくれる？」

ラリーの目は輝き、あどけない笑顔が浮かんでいました。特別な招待を受けたことはもちろん、ラリーが無邪気さを取り戻したことに私は感動しました。

ところで、私たちはすばらしい時間を過ごしましたが、金曜の夜は行けませんでした。妻がダメと言ったからです。

安全な場所を作る

クラウディア・ブラックの画期的な書、It Will Never Happen to Me（邦訳『私は親のようにならない』誠信書房）によれば、依存症者のいる家庭の子供たちは、生きのびるために次の三つのルールを厳格に守って行動しています。

信じるな

話すな
感じるな

子供たちがプログラムに参加したときには、私はこれと真反対のことをするように伝えます。

信じなさい
話しなさい
感じたことを伝えなさい

子供たちがこれらをすること自体が奇跡です。私はこのプロセスがすぐに花開くことにいつも驚かされています。カギは、子供たちが自分自身を表現できる安全な場を作ることです。場の構造と一貫性が安全性を生み出します。子供たちの多くは、常に人生の一歩先を行くことで生き残ってきました。今ここを生きることをしないという、大きな対価、犠牲を払っているのです。

一日中ずっと、私はグループセッションのスケジュールを見直しては、次の予定を伝えます。熟練したカウンセラーは、一貫性と柔軟性の間の綱渡りをしており、重要で、真っ先にやらなければならないことができたときには、計画していた活動を投げ出してもかまわないと考えています。カギは、グループのみんなに計画の変更を知らせることです。明確なグループのルールと、一貫して重要なことを訴えることで、子供たちは自分の安全や幸せというものが重要なもので、あなたがそれを真剣に受け止めているということを知るのです。

水面下の抜け道

フランコは、一時間も遅れてぶらりとプログラムにやってきました。プログラムのはじめの一時間はきちんとした雰囲気にして、参加者全員が落ち着くようにし、ここが愛情のこもった安全な場であることを説明する重要な時間です。これらすべてがかなり早い段階で達成されたところだったのに、フランコはほんの数秒でそれをぶち壊しました。この十二歳の男の子は、全身真っ黒な服に身を包み、野球帽を横っちょにかぶって顔を覆い隠していました。だぶだぶの服を着て、金のネックレスを何本も首に巻いていました。フランコは輪の中の、彼のために用意されていた空の椅子にゆっくりと進み、どすんと座り、場の空気を無視して腕を組みました。小さな子供たちはこの〝ギャングスター〟気取りに怯えてしまったようでした。私は彼に対応しようとしましたが、すぐに大きな、怒ったような声を浴びせられました。「うちの家族には何にも困ったことはないよ」

フランコはグループセッションで行われているプロセスに最初は非常に抵抗を示しました。しかし、活動に参加するのを拒否していても、彼は起こっていることをすべて見て、聞いていることに私は気がつきました。フランコが注意を払っているということに私が気がついたときには、首を傾げたり、目をきょろきょろさせるのでした。フランコはかくれんぼやキックボールのような楽しいゲームを一切やりたがりませんでした。一人で離れたところにいましたが、全部見ていました。一番問題だったのが、他の参加者が家族の問題や感情について話しているときです。部屋の中の感情の温度が高まると、フランコは椅子でもじもじして、かろうじて聞き取れるような声でぶつぶつと言うのでした。

フランコが二回目にこれをしたとき、私は〝お互いを尊重する〟というルールを破った結果を彼に示しました。非常にやさしく、しかしきっぱりと、彼にこう言いました。「ルーシーは今ここで感情を話してくれていたのに、君は彼女の邪魔をしたね。ルーシーはお母さんの依存症のために悲しく、傷つき、孤独を感じていて、それは聞いてもらう価値があることだ。これは君への警告だよ、フランコ。君がこのグループに残りたいのなら、みんなと同じようにルールに従わなければならない。それができないのなら、このプログラムに参加することはできない。君がここにいられないとしたら、ぼくは本当に悲しい」スタッフがこういう話をするときにはいつもそうですが、部屋はシーンと静まり返りました。フランコは急いでうなずくと、椅子に座り、床をじっと見つめました。何か言い返すかと思ったのですが、黙ったままでした。フランコは本当に私を困惑させます。

二日目の中盤、エロイーズが父親のアルコール依存症は自分のせいだと確信していると、グループセッションで話したすぐ後、フランコが手をあげました。どうなるのかさっぱりわからなかったけれど、彼を指さずにはいられませんでした。初日の朝の自己紹介のとき以来、フランコは意味のある言葉を発していませんでした。

「きみの言ってることはよくわかるよ」フランコはびっくりしているこの十歳の少女をまっ

すぐ見つめ、静かに言いました。「七歳だったとき、ぼくは宿題をもって学校から家に帰ってきた。両親に手伝ってと言ったら、どっちがぼくの手伝いをするか、どうするのがいいのかで大げんかを始めたんだ。お父さんは怒って、酔っぱらって家を出ていって、三日間帰ってこなかった」

みんなは前のめりになって、フランコの言葉一つひとつを食い入るように聞きました。大きな涙がフランコの頰を伝いました。「ぼくのせいなんだ。そう、お父さんがアルコール依存症なのはぼくのせいなんだよ。ぼくがバカじゃなかったらお父さんは病気になんてならなかったんだ」フランコが泣き出すと、グループのみんなは息を飲みました。「ぼくがバカなんだ。ぼくバカなんだ」フランコは呆然としているみんなの前でこう繰り返しました。そしてついに、奥深くにしまいこんでいた言葉が転がり出ました。「ぼく、字が読めないんだよ」

フランコが顔を覆って泣きながら座り込むと、ペドロが椅子から立ち上がってフランコに歩み寄り、肩に手を置きました。他の子供たちもすぐにそれに加わると、フランコはこの何年間も巧みに使ってきた、たくさんの防衛をついに外したのでした。

昼食のとき、私はフランコの隣に行き、読み書きを学ぶことができる学校の授業について話をしました。彼の人生に希望がついに訪れたのです。子供たちは、子供が親にお酒を飲ませたり、薬物を使わせたりしているわけではなく、それをやめさせることもできないのだということを学びました。フランコは真摯に真実を話したので、みんなは彼を尊敬しました。

プログラムの最終日、フランコは早く来ました。だぶだぶの服は相変わらずですが、野球帽と金のネックレスはもう身につけていません。他の子供たちと鬼ごっこや肝だめしを楽しんでいるときの彼の笑顔をお見せしたいくらいです。フランコは生来のカリスマ性を良い方に発揮し、遊びや援助の活動の中心にいました。フランコはあるべき道にいましたし、そう見えました。彼は親の依存症は自分のせいではないということと、自分は特別な存在であるということを本当に理解したのです。

フランコは卒業のとき、ひどく悲しんで、プログラムが「終わらなければいいのに」と願っていました。彼のことも他の子供のことも手放す時期ですが、彼らは私の心と祈りの中に永遠に残るでしょう。我々は、両親や祖父母が継続的なケアのすすめを真剣に考えてくれるようにということだけを願っています。六か月があっという間に過ぎた頃、私の机に手紙が届きました。これが中に入っていた手紙です。

親愛なるジェリーへ

ぼくのことを助けてくれてありがとう。この手紙はぼくが自分で書いています。ぼくのせいじゃないということがわかりました。お父さんが援助を受けてくれることを願っています。今ぼくは五年生の本を読んでいます。あなたのことは忘れません。

あなたの友だち　フランコより

体験して学ぶ

耳で聞いたことは忘れる
目で見たことは覚える
経験したことは理解する

（中国の諺）

行動で学ぶというのは、依存症の家庭からやってきた子供たちの心を動かして教えるのに最善の方法です。誰にも自分に向いている学習方法があります。目で見て覚える人、耳で聞いて覚える人、運動感覚で覚える人、創造的にアートを通してという人もいるでしょう。私はそれぞれの子供にとって一番良い学習方法は何かを判断し、それに合わせるようにいつも努めています。

アルコール依存症者のいる家庭の子供にとって、言葉は意味をもちません。「もう、二度と酒は飲まないから」「明日、出ていくから」「お母さんがまた薬をやったら離婚だから」「おまえの貯金箱からお金を盗んだりは、もう絶対しないから」「二十分で戻るから。タバコを買いにいくだけからね」「ぶったりしてごめんよ。もう二度としないから」……こうした言葉は何度も何度も聞いていて、もはや信頼性がないのです。

グループセッションでは、私はいつも言葉より先に行動するようにしています。経験に基づいた活動は、人を頭から心へ連れ出し、洞察を深め、理解を促し、感情や情動に近づけます。さまざまな豊富な活動、たとえばお話しや、ＴＶゲーム、アート、パペット、ロールプレイ、音楽、ゲームなどの遊びがこのプロセスに役立ちます。回復と発見のために、子供たちが積極的に参加できるような機会を作りましょう。そして、十分なディスカッションの時間をとることで、どの活動もすばらしい展望が得られ、グループセッションは豊かなものになります。

かくれんぼ

私のところに、子供向けプログラムを組み立てるためのアドバイスを求めて専門家が電話をかけてくることがあります。年齢に適した依存症についての教え方や、感情を認めて表出することでコミュニケーションスキルを高める方法や、対処法やセルフケアの方法を通して子供たちをエンパワメントする方法を知りたがっていることがほとんどです。子供たちが自尊心を築き、自らの強みを認められるようにする方法も知りたいと思っているのです。これらはすべて重要なことではありますが、こうした方法、スキルを身につける前に、もっと大切で、しかし簡単なことを見落としています。子供たちが子供でいられる機会を作る、ということです。

ほとんどの子供たちは、依存症の家庭において、大人のような責任と悩みによって疲れ果て、あまりに早く成長を強いられています。効果的なプログラムでは、学習と遊びがバランスよく配分されています。遊びを通して、子供たちは重大な発達課題を終え、重要なソーシャルスキルを身につけます。ゲームや遊びは回復のプロセスの決定的な一部分を担っています。子供が重要なことを分かち合い、大きな飛躍をとげるのは昼食のときや教室に戻るとき、ゲームをしているときかもしれません。そのときがいつ起こるのか、それはわかりません。

難しいのは、グループの雰囲気と、そのときの限られた空間に合ったゲームを決めることです。学校のグループでは、さまざまなボールゲーム、クッシュボール（訳注：ラバーでできた、ウニのような、いがぐりのような突起がたくさん出ているボール。つかみ心地は何ともいえず、大人も子供も投げ合って楽しむ）テレフォンゲームなどの遊びがいいでしょう。お天気しだいで室内で過ごさなくてはならないときも、これらの遊びは目的をかなえてくれます。おもしろいお話を読んだり、ジョークの時間を残しておいたり、ハングマン（単語当てゲーム）をしたりしてもいいでしょう。私たちはいつでもそのときの空間を生かすように努力しています。

センター以外の場所での子供プログラムでは、広い場所に恵まれれば、暗い中でかくれんぼをすることがあります。教会の地下室や、ホテルの会議室、学校の講堂、最先端技術を用いたレクチャーホール、どこだってカーテンを閉めて明かりを消せば、子供たちの遊び場に早変わりします。子供たちはこの遊びが大好きです。追いかけるスリル、ベースを踏むときの興奮、勝利を求めて共に戦う友情……。

かくれんぼはこの大人の体を抱えた私にとっては大変な遊びですが、上手に隠れて、鬼に探させます。椅子が床に固定されて前向きの列になって並んでいる大きな講堂で、あるグループの活動を行ったときは、私が隠れられる場所はほとんどありませんでした。そこで、私は椅子の列の間に隠れることにしました。片側に体をできるだけ寄せて、床の上の腕に頭を載せました。

かくれんぼの時間は、走り回ったり、発散したりする時間として使う子供もいますが、このときは全員が隠れて息を潜めていました。私は居眠りをしてしまったようで（毎日、子供たちについていくのはクタクタなんです！）、突然、暴走貨物列車がやってきてびっくりしました。ローラは私をひいて、足と背中と頭を踏みつけていきました。次にやってきたのはスティーブ、シンディ、フィリップ、フランクでした。私に考えられることといえば、一群が行ってしまうまで体の力を抜いていることぐらいでした。カーリーとテイラー、ローニーが次にやってきました。フランキーは猛スピードでやってくると、私の頭を踏んづけて、ころびそうになりましたが、やっとバランスをとりました。

マーロウは追跡をやめて私を捕まえると（このゲームで捕まったのは私だけです）、信じられないといった顔で言わずもがなのことを言いました。「こんなところに隠れてるなんてバッカみたい！」

違いを受け入れ、心に触れる

世界中から集まる人や家族を支援する治療センターで働いてこられたことに、私は感謝をしています。ロシア、日本（訳注：訳者の所属するアスクで、ベティ・フォード・センターを二十回以上訪問している。また、ジェリーを日本に招いたこともある）、オーストラリア、中国などを旅して、依存症家庭からきた子供たちと問題に取り組めたことは、私にとってとても幸運なことでした。キーポイントは人の心に触れるということですが、我々が支援する人たちに敬意を払い、尊重するためには、文化の違いを理解し、取り入れて、受け入れることも絶対に必要です。

支援する相手にあなたのアプローチが合うように、そして導きを得るためにも、ベテランの専門家に常に聞く姿勢をもちましょう。異なる文化的背景をもつ専門家は、プログラムやマナーを適切に調整するのに、大きな力を貸してくれます。私は子供たちの母国語を話せませんし、文化の違いで知っておくべきことを全部は学べないかもしれませんが、子供の心に触れるように導いてくれる専門家がいました。彼らは役に立つ示唆を与えてくれ、私が子供たちとの関係を強め、深められるような重要な話や伝統を教えてくれました。

世界中どこへ行っても子供は子供であり、違いよりも共通点がほとんどですが、これらの違いを認めることが重要です。

ルペの宝物

子供と家族の人生に、我々の子供プログラムが影響を与えている、ということを思い出させるような出来事がしょっちゅう起こります。私は常に、子供たちの人生で思いやりがあり、養育的な大人であろうと努力していますが、悲しいことに、この愛情あるやり方で子供たちに関わりをもつ大人は、プログラムに参加した子供にとって私がはじめてであることもあります。初日の朝、多くの子供たちは、繰り返し失望し、傷つけられてきた大きなハートを抱えてやってきます。最初は距離をとり、しっかり防衛している子供もいますが、話に耳を傾け、理解し、認め、愛してもらうことを強く求めています。ルぺはこういった子供の一人でした。この十一歳の女の子はまるで雛を連れた雌鶏のようで、二人の弟を連れて、名札を作ってやり、隣の物置に荷物を置き、輪の中に空席を三つ見つけました。ルぺは静かで遠慮がちではありましたが、すぐに心を奪われてしまうような、光り輝く、笑顔の美しい顔立ちをしていました。

この三人の家庭は貧乏中の貧乏というくらい、非常に貧しい家庭でした。母親はほとんど英語が話せませんでしたが、子供を守ろうとするときは力強い雌ライオンのようでした。父親の許可をとらずにプログラムに子供たちを入れることは大きなリスクでした。これは、子供たちの安全と幸せを常に優先しようとするために起こったリスクです。ルぺと弟たちはこうやって愛されていました。この家族は車をもっていなかったので、子供たちは、毎日、担当のソーシャルワーカーの車で送ってもらっていました。子供たちはもうこの日が最後の日で、明日など絶対やってこないかのように、よく話を聞き、学び、食事をし、遊びました。

はじめの二日間は、ルぺは父親のことについてほとんど話しませんでした。ルぺは父親のことをとても愛しており、アルコール依存症や薬物依存症の真っただ中で父親が起こした悪事について話すことに、葛藤があるのではないかと私は感じました。両親がこのプログラムで自分が話したことを聞きつけて、仕返しをされたらという恐れのために、口を閉ざしたままでいる子供もいます。ルぺの場合はそうではありませんでした。父親への愛情が、初日の朝の自己紹介でもはっきりとわかりました。ルぺの二人の弟は、姉の無口を補うかのようでした。アーネストは八歳でしたが、父親がしょっちゅう遅くまで外出して、薬や酒にたくさんお金を使っていることを、ついに話しだしました。アルトゥーロはもうすぐ七歳になる小さな男の子でしたが、プログラム初日の終わり近くのアートの課題の時間に、両親がけんかをしている絵を描きました。子供は幼ければ幼いほど真実に近いところにいるのです。安全な場所を作れば、子供たちの言葉、アート、話、ロールプレイが、何が起こっているのかを正確に暴いてくれます。

翌日、描いた絵について話し合う時間がきたとき、勇敢なアルトゥーロは秘密をぶちまけました。「ある日、大きなけんかがあったんだ。ルぺが安全な裏の部屋にぼくたちを連れていった。

何かが割れる大きな音と、ドアがバタンと閉まる音がした。ぼくは本当に怖かったんだ」三人のきょうだいはみんな、アルトゥーロが話しているとき、涙を流していました。「お父さんがお母さんを殴った。お母さんは泣いていて、血が出ていたよ。お父さんは出ていっちゃった」アルトゥーロは立ち上がり、急いで部屋を横切り、姉の膝の上に座ると、ルペはアルトゥーロを抱きしめて安心させてくれました。アーネストも続いて出てきました。この子たちはこれまでの人生で何度こうしてきたのだろうと思い、私は涙をぬぐいました。

子供たちのすばらしいカウンセラーで、このセンターで働いているキャロルは、この状況を通して、やさしくルペの心を動かしました。キャロルは長い間心の中に封じ込めてきた言葉を話すようにルペを勇気づけました。キャロルはルペに、今は安全な大人たちが、あなたがもう一度子供でいられるように手助けしてくれるときなのだと話しました。そして、分かち合いのエクササイズで母親の正面に座ると、この美しくて強い、十一歳の少女は心血を注いで言いました。「お父さんがお母さんにけがをさせたとき、本当に怖かったのよ、お母さん。もしお母さんがひどいけがをしたら、誰が私たちの面倒を見てくれるの？　私、里親になんて出されたくないわ」母親は手を伸ばして娘をしっかりとつかむと、一緒に泣きだしました。輪の外で、アルトゥーロとアーネストの間に座っていた私は、二人の手を握りました。二人とも泣いていました。

母親は、最終日には、子供たちの安全を守ることを約束しました。ルペ、アーネスト、アルトゥーロは母親を信じ、安心と喜びが顔にあらわれていました。私たちは家族に安全対策を提案し、もし、父親が援助を求めたら、適切な援助を探すことも約束しました。卒業の直前、ルペはキャロルとおしゃべりをしていました。「ありがとう、キャロル。私のこと忘れないでね」ルペは使い込んだ、ぼろぼろの古いクマのぬいぐるみを出すと、キャロルにプレゼントしました。「私がとても小さかったときから一緒にいるの。今度はこの子をキャロルにもっていてほしい。私を愛してくれたお礼に」このクマはキャロルのオフィスの目立つところに座っています。貧しく、ほんのわずかな物しかもっていない子供からの、大きな贈り物です。ルペやその家族がもっていた愛情や思いやりは、あふれるほどたくさんあったのです。

楽しみを見つける

グループセッションの大切なゴールは、子供たちがまたここにやってきて、参加し続けたいと思うことです。そこには子供たちの好奇心をそそり、夢中にさせるもの、子供たちのまわりにいる人や生活している場所からは得られないものがなければなりません。価値と尊敬に基づいて、子供を中心に据える考え方は、このような雰囲気作りに非常に役立ちますが、それだけでは十分ではありません。楽しいことをバランスよく混ぜることが、うまくいくためには不可欠です。

アルコール依存症の家庭にいる子供たちは、生活の中で楽しんだり喜んだり、ふざけ合ったりする能力を失っています。幼いときにトラウマや喪失、痛みを受けて、この能力を成長させることが不可能になり、この能力をもたない子供もいます。カウンセラーは子供の心と魂を〝パーティー会場〟に連れてきて、激しい感情や熱情を解放させることが必要です。子供たちには、喜びや笑いからすぐさま涙や痛みへと連れ戻されることが数えきれないくらいありました。子供たちを遊ばせましょう、子供とふざけましょう。この尊い子供たちがほんの少しの間だけでも子供でいられる安全な場所を作るだけで、他の方法ではなしえない結びつきや信頼、親密さを育てることができます。このような冒険と贈り物をくれる旅を楽しみましょう。

「ネイバーズ」

通常、はじめの九十分以内に、ネイバーズという楽しいゲーム（訳注：椅子とりゲームのような遊び）をして遊びます。このささやかなゲームは一度にたくさんの大切な目的を果たしてくれます。まず一つ目に、このゲームは純粋におもしろくて楽しく、単純に子供が子供でいられます。二つ目に、子供たちが遊びを通してグループのみんなに向かって話をする機会を与えてくれます。子供たちはプログラムで自分の本当の気持ちを口に出すことになりますが、ここで最初にそれをするのです。三つ目に、子供たちは走り回って、自分を苦しめている負のエネルギーを燃焼させることができます。グループのメンバーは大きな輪になって銘々の椅子を置いて座ります。誰かが真ん中で鬼をやるので、人数よりも一つ椅子の数が少なくなります。

私はまずこう言って始めます。「名札を付けている人は動いて！」名札をつけた子供たちはいっせいに立ち上がって、空いている椅子を探して部屋を走り回ります。椅子に座れなかった人が次の鬼になって、今度はこう言います。「サンダルを履いている人は動いて！」サンダルを履いていない人は席にとどまりますが、サンダルを履いている人は空いている椅子を探して走り回ります。子供たちはこの単純なゲームが好きで、いつでも遊びたがります。

この最初の一時間半は、私は子供たちの様子を眺めています。特に静かな場合には、たくさんしゃべるようにします。おしゃべりな場合には、耳を傾けるようにします。防衛からふざけているような場合には、穏やかに、やさしく、まじめにふるまいます。どうやって遊んだり楽しんだりしたらよいか知らないために、非常に生真面目な雰囲気でグループセッションが始まることがあります。こういうときは、アイスブレイク（場の緊張を緩めること）のために思いきりふざけてみせると、子供たちはここでは大人のように完璧にふるまう必要はないのだということを理解します。あるグループは、次のような感じで始まったことがありました。

私はネイバーズを始めるまで、根気よく時が来るのを待ちました。ゲームを始めれば状況が変わると思ったのですが、これは間違いでした！　子供たちはこういうお題を出すのです。「算数の好きな人」「暑い日が大嫌いな人」「寿司の好きな人」ついに私は真ん中に立つことになりました。波風を立てる必要がありますす。私は深呼吸するとこう言いました、「スクービー・ドゥーの下着をはいている人！」（訳注：スクービー・ドゥーは、アメリカで人気のアニメに出てくる犬の名前。その絵の入った下着は、多くの子供たちのお気に入り）

はじめにシーンとしたのは、びっくりしたのでしょう。忍び笑いが部屋のあちこちから広がると、ついに爆笑になりました。誰も席を立たないので、私は何食わぬ顔をしてこう言いました。「ほら、スクービー・ドゥーの下着をはいてるの、ぼくだけじゃないでしょ」グループの子供たちは喜びの歓声をあげました。〝子供〟のエネルギーが部屋に満ちました。

私は続けて言いました。「鼻をほじったことのある人は動いて」ザックは席から飛び出しましたが、他に誰も席を立たなかったので困ってしまいました。ザックはグループのみんなを見渡すと、ついこう口走りました。「でも食べたことはないよ」やぁ、このグループは順調だ！

二重の虹

子供たちがプログラムのためのウォーミングアップをして、安全に感じられるようになるのに、通常はだいたい一時間かかります。グループが主に六〜七歳の子供のときは、もっと早くすみます。子供たちが両親に抱いている深い絆や愛情を見て取るのに時間はかかりません。アルコール依存症やその他の依存症によって引き起こされた困難、それに伴うさまざまな問題があっても、ほとんどの子供は全身全霊で両親を愛しています。ため息をついていた子供たちが、椅子にきちんと腰かけ、肯定的にうなずくようになり、両親は良い人だということを理解して受け入れて笑顔を見せるのには、驚いてしまいます。

こうやって自尊心が成長すると、特に両親が治療や回復に向かっている子供たちは、さまざまな方法でそのことを言語化するようになります。「私のお母さんはお医者さんなのよ」「ぼくのお父さんは弁護士だ」「私のお母さんは会計士」「ぼくのお父さんは先生」という合唱が部屋に満ちあふれます。ジョニーはおしゃべりな七歳の男の子でしたが、これに置いていかれまいとして、大声でこう言いました。「ぼくのお父さんは十八個もタイヤがついているトラックを運転しているんだ。ぼく知ってるよ、全部数えたもん」賢い六歳の女の子、ドンナはこう言いました。「私のお母さんはアメリカ合衆国で一番重要な仕事をしているのよ」私は本能に逆らってエサにひっかかるようにたずねました。「何をしているの？」ドンナは皮肉な笑いを浮かべてこう言いました。「私の面倒を見てるのよ」部屋は爆笑の渦となりました。

ある日のお昼どき、二十分で一センチを超える土砂降りの雨に見舞われました。空は真っ暗、雷鳴や稲妻がとどろき、忘れることのできない、まばゆい景色となりました。母なる地球は完璧に美しく、偉大です。子供たちが部屋に戻ってきたとき、私は感情を認めて表現するというプログラムの準備をしていました。もうこのワークをする時間だったのです。

ヘレンは興奮した様子で部屋に走ってくると、たった今見てきた山々にまたがる虹がどんなに美しかったかを話しだしました。

「ジェリー、虹を見にいきましょうよ。とってもきれいだから」

私は迷いなくこう答えました。「ダメだよ。感情を出す練習の時間だからね」プログラムが遅れていたので、私はこの大事なプログラムに取りかかりたかったのです。

しかし、すぐに私のこの決定は不評だったとわかりました。

「どうか虹を見にいくことはできませんか?」チャドはこれまで聞いたことのないくらい丁寧にお願いしてきました。拍手と歓声が沸き起こりました。

「今は感情について学ぶことが大切だよ」私はグループセッションを軌道に戻そうと試みました。

カリータは八歳の小さな女の子ですが、頬に涙を伝わせながら手をあげました。私が当てると、とても神妙にこう言いました。「だって、二重の虹だったんです。あんなの今までに見たことありません」

カリータの言葉に私は動けずにいましたが、それだけでは終わりませんでした。「私は長い間、心に感情を閉じ込めてきました」カリータは続けました。「でも、それがあと十分くらい延びることがそんなに問題だとは思いません」カリータは一生懸命、私に訴えました。

まったくその通りだと思ったので、結局二重の虹を見に出かけました。

私は虹の美しさと、子供たちの驚きの表情を、いまだに鮮やかに思い出すことができます。ときどき、私は誰が本当の先生で、生徒なのか、わからなくなります。それとも二重の虹、でしょうか。

第3章 簡単なレッスン

今日一日のために

ブレント、ジュディ、アンジェラ、ブレンダンの家族のことを、もう一度思い出してください。「沈黙を破る」（43ページ）の中で、依存症という家族の病との戦いを経験してもらいました。そこでおわかりのように、ブレントとジュディは家族の中の依存症のサイクルを打ち破ろうとしています。多くの親たちは、子供を回復のプロセスに参加させようとしますが、毎週継続してやりとげられる人はわずかです。ブレントとジュディはやりとげました。子供たちはそれぞれの年齢により別々の継続グループに入り、同時に両親は、12ステップミーティングに積極的に参加しました。一週間ごとに、子供たちは洞察を深め、ストレングスを身につけ、回復していき、家族みんなの回復が急速に進みました。

二人はいつもにっこりと、はずむように歩いて私に挨拶をしてくれました。これは二人が家族に抱いている平和と喜びの気持ちを表しているし、父親と楽しい時間を過ごしているというギフトのおかげでしょう。アンジェラは心を込めてギュッと抱きつくと、こうささやくのでした。「依存症はうちのそばにはもういないわ」アンジェラの目は喜びに踊り、自慢げに父親を静かに見つめました。良い時間が流れており、この先も同じことが続くように思えました。

アンジェラは、この新しく見つけた喜びをしだいに受け入れていました。それにもかかわらず、心のどこかでは、警戒し、敏感で用心深く、少し不安なままなのでした。アンジェラは長女でしたから、ものごとが混沌として狂気に満ちているようなときには、下のきょうだいの面倒を見ていました。その結果、洞察力がつき、ものごとを深く感じとることができるようになりましたが、事態は突如としてひどいことになるというのもたくさん経験していました。このアンジェラの敏感な危機察知能力に気がついたので、私は今日一日のためだけに生きるようにやさしく促しました。この言葉は深い印象をもたらしたようです。アンジェラは私にぱっと笑顔を向けると、わかったというようにうなずきました。アンジェラと行き合ったときにはいつでもこの〝今日一日〟という言葉を伝えるようにしています。この言葉は私たちの間でゲームの秘密の暗号になりました。アンジェラは十歳の子供なりに最善をつくすのはやめて、自分自身のケアをすることに焦点を当てています。

遊んだり、一緒に夕食をとったり、休暇を過ごしたり……この家族は今までにないくらい親密になっています。ブレンダンは父親と家族がしてきた楽しいことを全部数え上げて大喜びで、自分を抑えることができませんでした。ぴょんぴょんと跳ねていて、うまく言葉にすることができません。

依存症の家庭の子供たちは、自分をケアする方法がわからないことがほとんどです。もちろん、子供たちにその能力がないわけではありません。誰も子供たちに教えてこなかっただけなのです。子供たちにはそれを学ぶロールモデルがいませんでした。子供向けのプログラムでは、「ジェパディ」という名前のセルフケアのゲームをします〈訳注：ジェパディ〈Jeopardy!〉はアメリカのテレビでかつて放映されていたクイズ番組で、三人の競技者がクイズの答えを競い合うもの。ここではそれを模したゲーム〉。両親と子供たちでブレーンストーミングして、身体、心、感情、精神、子供の五つの領域について、セルフケアの戦略を考えるのです。いったん終了したら、自分のセルフケアバッグに飾り付けをし、インデックスカードを使ってそれぞれの領域についてアイデアを書き込みます。アンジェラはこのワークが大好きで、よく考えて自分の好きなアイデアを選んだり、カードに書き込んだりすることには特に興味をもって取り組みました。自分のためだけにこのバッグを使うということに興奮していました。

ある日の午後四時半頃に電話がありました。多くの子供は一日のこの時間帯に電話をしてくるのですが、それは学校から家に長い時間帰っていないということです。アンジェラの声は感情が高ぶっているために、震え、しわがれていました。私はすぐに、何か非常に悪いことが起こっているのだとわかりました。

「お父さんがまたお酒を飲んでいるの」アンジェラは話し始めましたが、荒れ狂う感情の波に圧倒されて、すぐに黙り込んでしまいました。「お父さんはお母さんとけんかを始めたんだけど、私は自分の部屋に行って安全だった」

私が励ましやサポートの言葉を発する前に、アンジェラはこう言いました。「セルフケアバッグを思い出して、カードを出したの。私にはお父さんとお母さんの面倒は見られないって思い出したわ。でも今、本当にそうしたいって思っているの」

依存症が父親を再び陥れたことでアンジェラが傷つき、混乱したことについて、私たちは長い時間、話をしました。アンジェラはなかでも恐れについて語っていました。「お父さんがもうよくならないいんじゃないかって思うと怖いの。お父さんを失いたくないの」

その時がきて、私はシンプルにこう言いました。「今日一日だよ。今日一日だけに集中するんだ」私たちの秘密の暗号は、アンジェラの恐れを軽くできたようでした。私はどんなにアンジェラを誇りに思っているかということ、話を聞き、なんとしても手助けするために、そばにいるということを伝えました。話を終える前に、アンジェラは思慮深くこう言いました。「バッグに手を伸ばして、カードを引いたら『あなたの信頼している人に話をしなさい』だったの。ジェリー、今日は助けてくれてありがとう。大好きよ」

電話を置いて、目を閉じ、アンジェラとブレンダン、両親、そしてこの家族が安全でいるように祈りました。今日一日だけでも。

息をつく場所

何年も子供たちや家族と関わってきた中で、効果的な関わり方について多くのことを学びました。一番大切なことは、あれもこれもと、やりすぎない方がいいということを覚えておくことです。ここにやってくるのは小さな子供たち——七歳、八歳、九歳、十歳の子供たちです。ほとんどの子供たちがその短い人生であまりにも多くのものをくぐり抜けてきました。多くの子供たちにとって、これはアルコール依存症、薬物依存症への挑戦以上のことであり、なかには、暴力や虐待、貧困、離婚、別居、家族のメンタルヘルスの問題、親の収監などとも、戦わなければならない子供たちもいるのです。彼らはこういった困難に打ちのめされており、本当に助けを必要としています。

少年少女がドアを開けて入ってきたとき、私は子供たちに愛情、教育、サポート、ツール、戦略、安全を与えたいと思っています。週に一時間だけ子供と一緒にワークをしても、週末集中プログラムに連れていっても、四~五日間のプログラムを実施しても、サマーキャンプを運営しても、いずれにしても時間が不十分だと思うものです。プログラムであまりに多くのことをやりとげようと思うあまり、このすばらしい子供たちを再び打ちのめすなどということはあってはなりません。

ゆっくりやりましょう。あなたの作る愛情に満ちた安全な場所で息をつき、くつろいでもらいましょう。ボニーは九歳ですが、この点について大絶賛してくれました。「私、ここが本当に大好きなの」

「どうして？」と私は聞きました。「こんな風にできるのは、私の生活でここだけなの」ボニーは続けました。ボニーは椅子に腰かけて、大きなため息をつきました。そして、私の方を見て笑顔を浮かべ、うなずきました。私にはボニーが言いたいことがはっきりとわかりました。

回復はプロセスの中にあります。子供たちに会うたびに、ほどほどの量を提供しましょう。あなたが子供たちに与える〝すばらしいもの〟をすべて味わえるように、十分な機会を与えてください。子供たちが質問をし、遊び、新しく身につけたスキルの練習をすることができるようにしましょう。

キリーの本当の気持ち

依存症者のいる家族では、戦いや大混乱がよく起こりますが、それにもかかわらず、圧倒的大多数の子供たちが両親のことを少しも変わらず愛しています。子供たちは親によくなってほしい、そして自分と共に過ごし、世話をし、一緒に遊んでほしいと思っています。子供たちが、自分の傷つきや悲しみについて親に話す勇気を奮い起こす様子には、私はいつも驚かされます。子供たちが両親に抱いている愛情の強さと、真実を話す勇気を、私は畏れ敬います。ハイヤーパワー〈訳注：自分ではどうにもならないアディクション〈依存症〉という問題を、自分の力を超え、アディクションの破壊的なパワーより大きな力を信頼することで回復を得られるとする、ＡＡの基本的な考え方〉がこの奇跡を導いているに違いありません。

キリーは七歳で、読み書きを学び始めたところでしたが、家族に起こっていることをうまく自分の言葉で話すことができませんでした。その代わり、キリーはグループの中で、父親のために絵を描くつもりだと話し、この上手に話せないという小さな障害は決意をもった少女には、何の妨げにもなりませんでした。

キリーの番になりましたが、輪の真ん中に父親と一緒に座ることにためらいはありませんでした。キリーは最初に自分が泣いている絵を見せるとこう言いました。「お父さんと別れるときに、さようならを言いたくないの。お父さんが戻ってこないような気がして怖いから」キリーのあごは震えて、目には涙がたまっていましたが、声はとても柔らかでした。「愛してるわ、お父さん。だからよくなって」グループ全員の涙が止まらなくなりました。特に母親は、小さな娘は影響を受けていないと自分の気持ちを否認して信じようとしていました。キリーは本当の気持ちを語り、感情が湧き出るままにまかせていました。キリーは両親の心を動かしただけでなく、グループのみんなの心も動かしました。最初にこうしたことで、キリーは他の子供たちに、心を開いて正直に両親に話をするということの見本にもなったのです。

グループセッションの後、昼食へ行くときに、私はキリーのところに駆け寄って、たった今キリーがやりとげたことを、私がどれだけ誇りに思っているかを伝えました。キリーはすぐに私の手をつかみ、一緒にカフェテリアに入りました。私は深呼吸をして、この幸運に思いをめぐらせました。突然、キリーはその場で立ち止まると、私の手を二回引っ張りました。私はぐるっと回って、膝をつくと、キリーの深い青い目をのぞきこみました。キリーはためらわずに言いました。「ジェリー、あなたはセンターにどのくらいいるの？」

考えることもなく、私はすぐに答えました。「七年だよ」

キリーは開いた口がふさがらない様子で、困惑の表情を浮かべました。キリーは私を少しの間見つめると、こう言いました。「まぁ！　そんなに長くいるの、じゃあ、ずいぶんたくさんの問題を抱えているのね。私のお父さんがここにいるのはたった一か月だけよ」

子供たちが心配すること

前にも述べましたが、私が学んだパワフルなことは他にも、あなたがどれだけ子供たちに愛情をもっているかを子供たち自身が知るまでは、子供たちはあなたがどれだけ自分たちのことを知っているかなど、まったく気にとめません。依存症者のいる家庭で育った子供たちのほとんどが、愛されることや注意を向けてもらうことに飢えています。子供たちは自分のことを本当に気にかけてくれる大人を渇望しているのです。依存症という進行性の病が引き起こす最大の悲劇は、アルコール依存症者（薬物依存症者）が、自分にとってもっとも重要な意味をもつ人を愛することができなくなってしまうということです。そのため、子供たちはありのままの自分が良い子か、本当に大切な存在かどうかひそかに疑問に思ってしまうようになるのです。こういう子供たちは、少し注目を向けるだけで、回復のプロセスが始まります。

プログラムでは魅力的なおもちゃや道具を揃えているかもしれません。エビデンスに基づいた最高のカリキュラムを整えているプログラムもあるでしょう。予算をたっぷり使って最新の物を揃えることもできます。しかし、ファシリテーターが日々、グループに全身全霊で関わらないかぎり、これらはどれも役に立ちません。プログラムそれ自体は人を癒しません。人の心に触れてこそ人は回復を深めるのです。子供たちに「私は本当に重要な人間だ」という明確なメッセージを伝えるのは、スタッフのやさしさと気づかいです。話を聞いたり、八十三回もプールに飛び込むのを見守ったり、カーペットにコップの牛乳を全部こぼしたときに励ましたり、何度も靴ひもを結ぶのを手伝ったり、仕返しを恐れずに怒りを表現させたり、悪い行いをしたときには公平に、そして適切に扱ったり、といったことをきちんとするのは、とてもエネルギーと時間の必要なことです。

緑のファイルを切らしているときに、どうしても緑のファイルがいいと言った少年のことが私は忘れられません。その男の子はこれから始まるプログラムに出たくなかったので、緑のファイルは飾り物のようなものでした。このとき手の空いていたスタッフの一人が、備品を買いに出かけました。私はそのスタッフに「なんとしてでも緑のファイルを買ってきて」と言ってありました。私はお昼ご飯の時間までには緑のファイルを用意すると、この八歳の少年に約束したのです。彼の反応は「あぁわかったよ」だけでした。私は彼のまだ短い人生で、どれだけ多くの約束が破られてきたのだろうかと想像せずにはいられませんでした。私が彼に緑のファイルを渡すと、顔中に笑顔が広がりました。こんな簡単なことが、彼のターニングポイントになったのです。

こういうことはエネルギーとスタミナをたくさん必要としますが、子供たちは最善をつくしてもらうに値するのです。

ぼくのお姉ちゃん

その男の子、コーディは元気よく部屋に入ってきました。みんなに伝染するような、喜びにあふれたエネルギーと熱意に満ちていました。コーディは笑いやおふざけを抑えることなどできず、みんなを自然に引きつけました。この小さな十一歳の少年は、十六歳の姉をとても慕っていて、この姉はコーディの教育係、ロールモデルであり、保護者でもありました。自己紹介の前から、グループのみんなは、コーディの姉のタミーが回復して、薬物やアルコールから五か月以上、クリーンでいることを知っていました。コーディは姉のことをとても誇りに思っていました。

依存症に陥った親がいるためにプログラムに参加している子供がほとんどですが、薬物やアルコールの問題を抱えている年上のきょうだいがいる子供を受け入れることも少なくありません。多少、状況は違っていても、家族力動や感情はそっくり同じです。コーディが姉の依存症で、恐れ、罪悪感、恥、傷つきなどを感じていたのは明らかでした。コーディは姉が再発するかもしれないという恐れを抱えていました。「タミーが再発しないようにするために、ぼくができることは何もないっていうのは確かなの？」コーディは初日の午後、依存症ゲームのときにスタッフにたずねました。そして、こう言いました。「ぼくは一度お姉ちゃんを失くしてるんだ。また失くしたくないんだよ」

コーディはまだ成長期の兆しが来ていなかったので、いじめっ子のターゲットになってもおかしくありません。コーディは抜け目なく、もう少しで一触即発になりかねないような状況でもユーモラスにごまかすことができましたが、タミーが困難な状況からコーディを助け出してきたことも明らかでした。タミーは美人で、最新のファッションを身につけ、非常に賢い少女でした。コーディはタミーのステイタスから恩恵を受けていて、タミーの弟だということで、同じように彼のステイタスの一部にもなっていました。依存症が家族に大混乱を巻き起こし、親密な関係にひびを入れるまではすべてがうまくいっていたのです。

二人は分かち合いのエクササイズのために向かい合って座ると、お互いの目をじっと見つめて泣き始めました。コーディはタミーの病気について本当のことを言うのを恐れていました。タミーを傷つけてしまい、タミーがまたドラッグを使ったり、飲酒を始めたりするのではないかと心配だったのです。タミーはこの地球上で誰よりも弟を愛していたので、依存症がどれだけコーディを傷つけていたかについては触れたくありませんでした。二人はこの恐れを勇気をもって乗り越え、このエクササイズをやることが二人のできる最善のことだと理解しました。

「ぼく、お姉ちゃんを永遠に失ったかと思ったよ」コーディは声を絞り出しました。「ぼく、お姉ちゃんを傷つけるようなことを何かしちゃったかと怖くなったんだ。ぼくは決してそんなことはしたくない。お姉ちゃんを愛しているから」この言葉を聞いて、タミーは自分の薬物依存症でコーディをどれだけ傷つけてきたのかということを心から理解して、取り乱しました。

「特に、お姉ちゃんがぼくの金のチェーンを盗んで、それをドラッグを手に入れるために売ってしまったとき、傷ついたし頭にきたよ。お姉ちゃん、あれはおじいちゃんがぼくにくれたものだったんだ」タミーはうろたえ、混乱しているようでした。タミーはうなずいていましたが、どうしたらいいかわからないようでした。最後に私がコーディに、タミーに言いたいことが他にもあるかたずねました。「お姉ちゃんの代わりは誰にもできないんだ。ぼくにはお姉ちゃんが必要なんだよ。必要なんだよ、お姉ちゃん」コーディはタミーの膝の上にあがると、腕を回しました。これまで何回もそうしてきたように。

この後、タミーは私を見つけると、こう言いました。「私の病気は今日で終わり。本当にそうしたいの。これは回復してから私に起こった最高のことだわ。金のチェーンのことは覚えていないの。ブラックアウト（記憶の欠落）を起こしていたに違いないわ」タミーは言いました。「こんな風にコーディが苦しむのをもう見たくない。コーディにはいつも私のことを誇りに思って、尊敬していてほしいの」

遊ばせよう

アメリカ小児科学会（ＡＡＰ：American Academy of Pediatrics）は、遊びの重要性についての報告を二〇〇七年に行っています。この報告書では、自由で型にはまらない遊びは、ストレスに対処して元気になる力をつけるだけでなく、健康的で、子供が重要な社会的、感情的、認知的発達を経るためには不可欠であると詳述しています。依存症家庭で育った子供たちの多くが早く成長しすぎていて、大人の役割や年齢以上の責任を果たすことで消耗してしまっています。大人の悩みや問題、秘密に食いつぶされ、アメリカの若者に典型的な急ぎ足の生活を送っている子供もいます。

依存症家庭で育った子供たちに関わっていると、概して遊びは短く終わります。遊びの意義を低下させる〝時間がない〟症候群に巻き込まれるのは簡単です。ここでは妥協点を見出すことが重要です。かくれんぼ、旗とり、肝だめし、輪になってのクッシュボールなどは、信頼や結束、チームワークを高める楽しいゲームです。水泳も大きな解放感をもたらし、プールでのゆるやかな時間は想像力をかきたてます。遊びは子供たちがグループセッションで学んだ、コミュニケーション、問題解決、境界を設ける、助けを求めるといったスキルを実際に練習し、深めるという、すばらしい機会を安全な環境の中で与えてくれます。遊びは子供たちにすばらしいセルフケアのスキルと、ストレス対処の方法を教えてくれます。子供たちを遊ばせる時間を作りましょう。

化粧室でのできごと

数年前、アルコール依存症の親をもつ子供に関する国の会議の開催中の子供プログラムの進行を頼まれました。家族にアルコール依存症や薬物依存症の既往がある会議の参加者の子供たちを対象に、四日間の全日プログラムが開かれました。これははじめての試みで、私にも何が起こるかまったくわかりませんでした。

会議はシカゴの繁華街にある高級ホテルで開かれました。スタッフは子供たちが到着する前に、パペットやクレヨン、マーカー、お話の本、ゲームなど、さまざまな小道具を揃えていました。

しかし、多くの参加者、特に男の子たちは、どうしてもそこにいたくないと思っているということが早々に明らかになりました。その首謀者たる十歳の知恵のある子供は、すべてお見通しでした。「パペットを片づけてよ。クレヨンもいらない。こんな悲しいお話も見たくない。オーピーは笑うのをやめてよ」（まぎれもなく私はロン・ハワードに似ていて、特に若いころはそっくりでした（訳注：オーピーは、今は映画監督のロン・ハワードが子役時代に演じていた役名）。）ふたを開けてみないと何が起こるかわからない管理の仕事が魅力的に見えるのは、ときどきこういうことがあるからです。

とにかく、我々は大変なスタートを切りました。時計を見て、初日のプログラムは残り五時間四十五分だけだと思ったのを覚えています。この日のために計画していたことはすべて白紙にして、子供たちの世界に入って、みんなが安全に過ごせる場所を作らなくてはなりませんでした。長くて大変な一日でしたが、ほんの少しの希望にすがっていました。

二日目は前日よりうまくいき、成果もあがりましたが、男の子たちは一日中、私たちを試し続けました。私たちがグループのルールと、予定していたことをしっかり守っていると、ついにはみんな従うようになりました。最大の成果は、子供たちがみなきちんと参加したことです。

ときどき、警戒しながらではありますが、自分の身の上話をすることもあり、それに加えて、笑いもときには起こりました。これが一～二日では終わらないプロセスであることを忘れることは簡単です。ことが進展するのがこれほど突然で予想外であるとは、私も思っていませんでした。

三日目の始まりは、休憩の時間まではスムーズに進んでいました。この豪華なホテルの三階にある、私たちに割り当てられたグループセッションの部屋からそう離れていない化粧室へ子供たちが向かいました。女の子たちはすぐに戻ってきておやつを食べていました。私たちは再発について真剣に話をしていました。男の子たちが戻ってきていないことに気づき、私はどのくらい時間が過ぎているか時計を見ました。十五分、明らかに危険信号です。一名の捜索隊――私のことですが――を出す時間です。

私がこれまでに入ったことのある化粧室の中でももっとも装飾的なこの部屋は、忘れられないこのホテルの三階にありました。六台のピカピカの便器が一列に並んでいました。便器にレバーはありません。立つべき場所に立てば、水は自動的に流れるのです。ぐるりと鏡と電気がついていて周囲を明るくしていました。ペーパータオルはなく、手や顔をふくためのふわふわの白いミニタオルが置いてありました。小さな町一つ分まかなえそうなほどの無料の洗面用品も。化粧室に私が到着したときに聞こえたのは、はっきりとした流れる水の音でした。この手ごわい〝小さな大人〟たちは、一つ目の便器の横のドアのそばで一列に立っていました。一人ずつ、便器のところへ行くと、すべての便器が同時に流れる場所へ立ちました。お互いにハイタッチをしてもう一度やるためにはじめの列に戻りながら、彼らの顔には喜びがあふれていました。

私が入っていったとき、彼らはどう反応してよいかわからないようでした。「現行犯逮捕」でした。一言も発せず、私は次の順番になるように、列の先頭に並びました。彼らは叫び、喝采しました。笑い声が化粧室に響き渡りました。私たちは少なくとももう五分遊び続けました。子供たちの〝子供〟の部分がついに姿をあらわしたのです。プログラムの残りの時間では、劇的に力動が変わりました。

痛みを認める

子供たちは毎日、アルコール依存症や他の薬物依存症に対処しているだけでなく、けんかや約束を破られること、ネグレクト、言葉の暴力などの問題にも対処しています。

子供たちはその問題をすべて抱え込みがちですが、荷が大きくなりすぎて、さまざまな形で漏れ出るようになります。なかには問題行動化する子供もいます。未解決のストレスやトラウマが頭痛や胃痛を引き起こすなど、身体的に表現する子供もいます。安全な人や、似たような経験を乗り越えてきた子供との安全な場所にくるまでは、上手に問題を隠しているように見える子供もいます。健康でバランスのとれた方法で、子供たちは長い間持ち歩いてきたものをすべて手放す必要があります。自分が両親のものや家族のものまで引きずって歩いてきていたことを、みなが理解するようになります。手放すときが来たのです。

方法は簡単です。子供たちが愛され、尊重される安全な環境を作ります。言語的なアプローチだけでなく、アートやお話、ロールプレイ、手紙を書くことなどを通して、子供たちは自分自身を表現し始めます。子供たちはお互いに刺激し合い、伝染するようになります。プログラムが始まるとすぐにそうなる子もいれば、いくつかセッションを受けてからという子もいますが、結果的にはみんながそうなります。

子供たちに痛みを実感させましょう。傷つき、怒り、孤独、恐れ、自己否定感、無力感、見捨てられ不安、悲しみ、恥、こういったものがすべて出始めます。キーポイントは、痛みをなんとか治そうとはせずに、その周辺に一緒にいようとすることです。子供たちが親の依存症や家族の問題に対して罪悪感を表すのは珍しいことではありません。ファシリテーターは割り込んで、きっぱりと「でもそれはあなたのせいじゃない」と言いたくなるかもしれません。子供たちには罪悪感やその他の感情をただ感じさせ、体験させましょう。それを表現し、その感情と共にいて、表現し、確認し、それからその感情を解放しましょう。キーポイントは子供たちと共にいて（訳注：共感をするということ。共感は、英語で compassion といい、com = with で一緒にの意、passion は苦悩の意。苦しみと共にいる、ということが共感するということ）子供たちとつながり、すべてを体験することです。

一言だけの手紙――それがすべてを物語る

エリーはプログラムに参加して最初の二十四時間で、ごく限られた言葉しかしゃべりませんでした。この十二歳の女の子は、五日間のプログラムすべてに一生懸命でしたが、しゃべろうとすると感情があふれてものが言えなくなるのでした。他の子供たちは本当に親切で、励ましの言葉をかけたり、ほほえみを投げかけたり、お昼ごはんのときには隣に座ろうとして騒ぐのでした。

プログラム卒業の、共に過ごす最後の一時間、大人たちがグループセッションの部屋にゆっくりと入ってきました。治療中の患者でもあるエリーの父親も、部屋に入りました。エリーは立ち上がって、無意識に言いました。「お父さんだわ。あれが私のお父さんよ」誇りがエリーの顔に刻まれ、続けた言葉からもこぼれ出ています。「お父さんはアルコール依存症で薬物依存症なの。でもそれは私のせいじゃないわ。お父さんの責任でもない。依存症は私たち家族を何年も苦しめたわ。おじいちゃんもお父さんが小さい頃に依存症で死んだの」沈黙が部屋を包み、エリーの父親は娘の発言を聞いて、その場で凍りつきました。涙が静かにこぼれ落ちました。

エリーはこれを見て、もはやためらいませんでした。「お父さん、私、もうお父さんが私のこと愛していないんじゃないかって思っていたの。お父さんに何が起こっているか、わかっていなかったわ。でも今は理解しているの」大人たちが拍手をして沈黙が破られました。エリーは父親の腕に飛び込み、喜びの涙を流していましたが、父親は感謝と悲しみが入り混じったほろ苦い気持ちでいました。父親は今、回復の途上にあり、娘が彼の人生に完全に戻ってきたことに感謝していましたが、すでに亡くなった自分の父親とはこういうことはもうできないのだと思うと悲しくなるのでした。

卒業式では、子供たちは修了証書、回復のメダル、アファメーション（自己肯定の言葉）ブック、最初のニュースレター、何か必要なときにかけるフリーダイアルの番号、Eメールや郵便の宛先などのスタッフとの連絡方法を受け取ります。エリーは授与されるとき、式の流れを少し止めました。「ありがとう、みんな。ここのスタッフはみんなすばらしい。ここではたくさんの新しい友だちに出会って、すばらしい時間を過ごしたわ。でも、今日、私が受け取った最大の贈り物は、お父さんを取り戻したことです」このとき、父親はエリーに駆け寄って、心から長い抱擁をしました。再び、部屋は沈黙に包まれて、ほとんどの人がティッシュをもう一枚取り出しました。

エリーの父親のボブは、これまでに何度も治療プログラムに参加していましたが、しらふでい続けることはできませんでした。しらふでいられた最長の期間は九十七日でした。エリーの心のこもった言葉は予言的で、父親を健康への新しい道へと導いたのでした。父親は治療中、自分の父親についてはほとんど語らず、幼いときに父親を失っただけでなく、酔っぱらっている父親の記憶しかないという、未完のグリーフ（訳注：深い悲しみのこと。悲しみは、喪失により引き起こされる。誰かに話すことで癒されるが、多くの人が悲しみの感情をそのまま受け入れることをせず、悲しみの感情は抑圧されてしまう。その結果、心の痛み止めとしてアルコールや薬物使用、ギャンブル、恋愛などにのめり込み、いつしか依存症に結びつく）を探ることもしていませんでした。このプログラムの日の後、彼は子供の頃に自分のためにそこにいることのできなかった父親に、長い手紙を書きました。そして、それをグリーフのグループセッションで強い感情を表しながら発表しました。こうやって、ボブは肩から大きな荷物を降ろし、成長して、ずっと無意識のうちに待ち望んでいたエリーの良い父親になるという力を与えられました。

最近、私はエリーからクリスマスカードを受け取りました。表紙にはエリーのかわいい三人の子供の写真が貼ってありました。喜びが子供たちの顔にあふれていました。なかには、孫とスキーをしているエリーの父親、ボブの写真がありました。いつものように、エリーからは、ほんの一言だけ書いてありました。

私と父に道を示してくださってありがとうございました。あなたが私たちにくれた贈り物を忘れません。
愛をこめて。

エリーより

柔軟になる

それまで自分の考えていた計画を丸ごと窓から放り投げて、路線変更をし、どんなセッションにおいてもグループの必要としていることをもっとも満たす新たな手段を考え出そうとすることは、困難な仕事ではありますが、しかしとても重要なことです。子供たちに合うプログラムを作っているのであって、子供たちをプログラムに合わせるのではないということを覚えておいてください。

グループにとっての〝適切な〟プログラムを選び直すというのはがっかりすることです。特に継続治療グループの場合にはそうです。このグループの子供たちはすでに少なくとも二十五時間は共通の基礎知識とスキルをプログラムで学んでいます。この一時間ごとのグループセッションの計画をする中で、私は自分にこう言い聞かせます。私の膨大な知識と経験をもってすれば、ここではどんなプログラムが役に立つかが正確にわかる。しかし七〜八歳の子供たちとのプログラム中、小さな声が頭の中でこだまします。……うまくいってないよ！

私は自分をごまかしながら先を進めます。ついには、救護信号、救護信号、事故発生、脱出せよ、逃亡せよ、退避せよ、という指令が頭の中に発されることになります。私はプログラムがうまくいってないということをなかなか受け入れられないのです。子供たちはとっくにうまくいっていないと気づいているのに。

立ち止まってギアを切り替えましょう。グループセッションが間違った方向に向かっているということを子供たちに知らせましょう。常に予備のプログラムを一つ二つ準備しておきましょう。必要ならいつでも方向を変えましょう。これはあなたの関わっている子供と家族の心を動かすのに非常に役立ちます。

キャンプで起こった危機

依存症の親をもつ子供（ＣＯＡ）と関わるうえで確実で効果的な要素は、一週間に一度の教育的なサポートグループです。これは、学校（学生援助プログラムの一部として）（訳注：職場の従業員援助プログラム〈ＥＡＰ〉のように、アメリカでは、学校にも学生援助プログラム〈ＳＡＰ〉がある）、宗教的な集まり、レクリエーション施設、コミュニティセンター、治療プログラムなど、どこで行われる場合でも、依存症の家庭で育った子供たちにとっては、グループのファシリテーターの配慮や養育的な関わり、魅力的なプログラム、同じような問題や感情、気がかりなことを経験している仲間と共にいることで作り出される安心感、そういったものから得るものはたくさんあります。それが三十分、四十五分または一時間であっても、ほとんどのＣＯＡにとってもっとも役に立つのです。

私は週一回のプログラムをしっかりとした土台として使いながら、補足として他の援助モデルも試みました。週末集中プログラムでは、さまざまな手の込んだプログラムを行う機会が得られます。現在も行われている五泊六日の子供キャンプは一九八五年に始まりました。

その年もサマーキャンプが迫っており、スタッフは準備をしていました。私たちはたくさんのメニューを計画していましたが、急に時間に追われることになりました。食事やグループセッション、休み時間など、話をする機会はたくさんあるはずでした。しかしキャンプに到着してから、私は悪い知らせを受け取りました。リーダーの一人が病気になり、参加できなくなったのです。さぁ、急いですべてを考え直さなければなりません。本当に心配だったのは、キャンプの始まり方でした。最初に良い雰囲気を作ることがいかに重要かということを、私はこの数年で学んでいたからです。大好きなリーダーがいないという知らせを聞いてたくさんの子供たちが悲しむだろうということも、ものごとを進める前に、対応が必要だということも、私にはわかっていました。このリーダーは毎回、キャンプに参加していて、キャンプの成功に対して大きな役割を担っていました。子供たちは本当に彼がいなくて寂しがるでしょう。

ここは柔軟になるときです。私は最初のプログラムをすべて変えることにしました。誰かが気がついて、驚き、質問をしてくる前に、この突然起こった困った状況に取り組みたいと思いました。これは贈り物なのです。最初は私もそんな風に受け止めてはいませんでしたが、これはみんながこの状況について語り、感情を分かち合える良い機会なのです。依存症の家庭からきた子供たちの多くにとって、家族の問題は認めたり、取り組んだりされないことが多いので、これは未経験のことでしょう。沈黙の中で、子供たちは何が起こっているのかを考え、自分に意味がわかるように話を作り上げてきたのです。不運にも、このように自分に言い聞かせてきたことというのは、自分が何か悪いことをしたから困った状況が起こったのだという推測になっていることがほとんどです。しかし今回、私たちは今までとは違うことができるのです。

子供たち三十人、スタッフ六人、ジュニアカウンセラー三人の全員がそろいました。簡単な自己紹介の後、すぐに今回の問題に取りかかりました。「悪い知らせがあります。私はとても悲しい気持ちでいます」と、私は話し始めました。何が起こったのかをグループ参加者に伝えましたが、実際は誰も言葉に詰まったりしませんでした。せきを切ったように感情が部屋中にあふれ出しました。最初は子供たちは怒り、傷つき、孤独、混乱、不安の気持ちを訴えました。雰囲気を感じて、十歳の子供がこう言いました。「きっと彼は後半にはなんとか来てくれるよ」「いいや」私は言い返しました。「ここでは本当のことを言う。彼は今年のキャンプには来ない」ここにいる子供たちにとって、このことがどれだけ大きな喪失になるだろうかと私は思いをめぐらせました。私たちは喪失とは何かということについて話をしました。みんなで話し合うように子供たちに言いました。子供たちは引っ越してしまった友だちのことや、ペットの死、特別に大切にしていたものを失くしたことなどを、勇気を出して話してくれました。部屋は静まっていきました。

フランクリンはこの話し合いに、新しい視点をもたらしてくれました。この利発で勘の鋭い十二歳の男の子はこう言いました。「依存症と一緒に育つということは、たくさんのものを失うっていうことなんだ」輪になったみんながうなずきました。マニーがこう付け加えました。「お父さんが薬をやっているときは一緒に楽しく遊ぶ時間を失ったわ」デボンが続けました。「遊びに来てくれた友だちをたくさん失った。友だちは私のお父さんが酔っぱらっておかしくなってるのを見たの」目に涙を浮かべてデボンは続けました。「うちにはもう行っちゃだめってことになったのよ」シェリルが最後に発言しました。「私は長女なの。だから両親がラリッているときには下の子たちの面倒を見なくちゃいけなかった。私がこのキャンプが大好きなわけはね……ここでは子供でいられるからなのよ」

グループは大きく開かれ、私の予想をはるかに超えたスタートになりました。三十五分をすでにまわっていましたが、話し合いは止まりませんでした。計画したことは何もできませんでした。しかし、私たちにはまだ五日残っています。ここではこんなにすばらしい子供たちが信頼し、話し、感じています。ほとんどの子供たちにとって、このように健康的でバランスのとれた方法で難しい状況に対処するということは、人生ではじめてのことです。正確で、年齢に合った情報を与えられ、質問したり、感情を表現したり、人生の別の出来事に関連付けて考える機会を得ました。このことですばらしい体験をする雰囲気が作られ、喪失についてずっと一緒に考えることになりました。キャンプのたびにたくさんの特別な瞬間というものがありますが、このキッズキャンプは私にとって一番忘れられないものになっています。

第4章 ロック・ガーデン

悲しくて幸せ

一本の電話が十二月二十二日の深夜二時四五分にかかってきました。その日、私は休日ホットラインの当番だったので、ポケベルを持っていました。毎年、クリスマスとハヌカ祭（訳注：ユダヤ教のお祭りの一つ）の休日の二週間、子供のためのホットラインを提供しています。依存症の家庭で育っている子供たちにとって、この時期は非常に難しい時期なのです。休暇は家族に余計なストレスや緊張をもたらし、飲酒、薬物の使用、対立が起こります。私は電話に出ると、眠気が吹っ飛びました。電話の相手はジュディでした。夫のブレントが自損事故を起こして亡くなったことを子供たちに告げる手助けをしに、自宅に来てほしいと言うのです。

ブレントはすばらしい男であり、夫であり、父親でした。ブレントは子供たちと共に二回、プログラムに参加し、水曜日の晩にはほとんどいつも子供たちを継続治療グループに連れてきていました。自分の依存症に苦しむ一方で、自分が子供の頃には得られなかった援助を自分の子供たちには与えたいという強い信念がありました。かつてブレントは私にこう言いました。

「私の子供の頃のような狂気から子供たちを逃れさせるためなら何でもするつもりだよ。子供たちには私のように傷ついたり混乱したりしてほしくないんだ」感情で声をうわずらせながらブレントは言いました。「子供たちにはこの病気になってほしくない」

私は朝の六時半頃に彼らの家に着いて、ほんの数時間前に起こったこの不可解なできごとにショックを受け、悲しんでいる家族に合流しました。私はお悔やみを述べて、ジュディと子供たちのためにここにいることを約束しました。

日が昇り、新しい一日の始まりを知らせていました。私は静かに座って、子供たちが昨晩、飾り付けをしたクリスマスツリーの下で、平和な顔をして眠っているのを眺めていました。子供たちが目を覚ましたときには、彼らの人生はまったく違うものになってしまっているということを考えずにはいられませんでした。

本人も自分にこのような強さがあると思っていませんでしたが、ジュディは父親が亡くなったことを風格をもって、心からの言葉で、子供たちに告げました。「お父さんがどれだけトラックを大事にしていたか知ってるでしょう」ジュディは話し始めました。「昨日、トラックを運転していたときに恐ろしい事故にあったの。神様はお父さんを神様のお家に連れ戻してくださったわ」ジュディは心を落ち着けようとしました。「お父さんは今は神様と一緒にいて無事よ。もう苦しいことはないし、私たちのことをいつも見ていてくれているわ」

アンジェラとブレンダンは注意深く聞いていましたが、混乱と悲しみの表情がアンジェラの顔をよぎりました。「お父さんがあなたたち一人ひとりのことをどれだけ誇りに思っていたか、お母さんは知っているわ。お父さんはいつもそう言ってた。今はお父さんは神様のところにいるけれど、お父さんがどれだけあなたたちのことを愛していたか、絶対に忘れることはできないわ」ジュディはそれ以上、もう何も言えませんでした。泣き声と涙で部屋がいっぱいになりました。私たちは代わるがわる抱き合い、慰め合いました。私は父親がどれだけすばらしい人間であったか、どれだけ家族を愛していたかを子供たちに思い出させました。子供たちにとって重要なのは言葉だけでなく、身体的、精神的、情緒的、霊的にそこにいるということでした。

一時間ほど過ぎた頃、アンジェラは私に気持ちを伝えたいので話したいと言いました。アンジェラは別の部屋へ私を連れていき、数分間、二人きりになりました。この利発で頭の良い十歳の女の子は、二つの感情を伝えたいのだと言いました。

「私、お父さんが死んでしまってとてもとても悲しいの。もう一日だけお父さんといられるなら、何でもあげるわ」アンジェラが泣きだしたので抱きしめました。アンジェラは抱えていたかばんの中から大きな石をおろしているところでした。

ついにアンジェラは泣きはらした赤い目のままこう言いました。「でも、私幸せなの」私はびっくりしてしまいました。そうした言葉が、父親を亡くしたばかりのときに出てくるとはまったく思ってもいなかったからです。

「ジェリー、依存症がもうこれ以上、お父さんを傷つけないと思うと幸せなの」

私は急に涙がわき上がってくるのを感じました。「アンジェラ、お父さんは今どこにいると思うんだい？」

アンジェラは笑顔で指を上に向けるとこう言いました。「天国よ。お父さんは良い人だったけど、病気がお父さんに悪いことをさせるときもあったわ」

「天国でのはじめての日は、お父さんは何をしてるかな？」

「ＡＡミーティング（訳注：ＡＡはAlcoholics Anonymousの略。飲酒をやめたいという気持ちをもつ人たちの自助グループで、一九三五年にアメリカで生まれ、現在では世界百か国以上でミーティングが行われている）に行ってからゴルフをするわ」アンジェラは無邪気に確信をもってこう答えました。アンジェラはすべてお見通しです。

私は今でも子供たちには定期的に会いますが、アンジェラは今でも毎日、父親のことが恋しくなると言います。しかし、数年前のちょうどこの日そうだったように、この進行性の病がもたらす危機的、破壊的状況から、とうとう父親が自由になったのだと知って、アンジェラは安心もするのでした。

石の入ったかばん

そのかばんはグループの真ん中に静かに置かれていました。子供たちはそのかばんが十八キロもの重さがあるとは、はじめは知りません。一人ずつ、かばんを部屋の端まで運んで戻ってきてもらいました。どの子もそれぞれ自分なりのやり方でかばんを運ぼうとします。たいしたことないというふりをする子もいますが、その表情には格闘している様子が見てとれます。かばんを持ち上げて二、三歩進んだかと思うと、一度おろして息を整えるというのを、何度も何度も繰り返す子もいます。引きずって運ぶ子もいます。こんなものをいつも持ち歩かなくてはならないとしたら、人生はみじめなものになるだろうと、みんなは言いました。疲れて不機嫌になり、ふてくされてベッドから出たくなくなるでしょう。楽しんだり友だちを作ったりすることもできないでしょう。いつもこのかばんのことを考え、捨ててしまいたいと思うだろうと、子供たちは話しました。

子供たちの両親がこのような重いかばんを持ち歩いているのだということを、私たちは子供たちに理解させます。かばんは両親の内側、心臓の近くにあります。両親は自分自身が子供の頃からずっとこのかばんに〝問題〟を集めており、それは子供たちのせいではないということを学びます。このかばんはとても重いので、一時的にかばんを置くために、お酒を飲んだり、薬を使ったりする人もいます。薬物の効き目が切れると、かばんは前より重くなっています。薬やお酒は問題を解決はしてくれません。問題を大きくするのです。

依存症がひどくなると、援助を求める必要があります。すべての問題をかばんから一つずつ出して、取り扱うにはどうしたらよいかを、カウンセラーのところや治療センターへ行って学ぶのです。かばんをグループの中で回し、一人ずつ石を取り出してもらいます。石はそれぞれ、怒り、恐れ、傷つき、孤独、罪悪感、自己否定感、悲しみ、寂しさといった感情の名が書かれています。依存症やけんか、虐待といったような問題もあります。秘密の石もあります。石はプログラムの間、飾っておきます。ここではいったい何をしているのでしょうか？　問題について学び、感情を表現し、子供たちが望めば秘密を打ち明けることもあります。子供たちは自分のかばんから石を取り出し始めているのです。

神様の手

父親のマイクとその小さな娘ケリーは手をつないで入ってきました。深い愛情が二人の表情に刻まれていましたが、二人の間の亀裂が広がっていることが、だんだん明らかになってきました。女の子は椅子に腰かけると、手を急いでポケットにしまいました。父親から体を離して傾けると、部屋には沈黙がたちこめました。父親は神経質に床を足でコツコツとたたくと、部屋を見渡し、これからの四日間に何が展開されるのか手がかりを探そうとしていました。

ケリーは利発で魅力的な九歳の女の子でした。茶目っ気たっぷりの笑顔は部屋を明るくしました。ケリーは遊んだりふざけたりすることが大好きでしたが、鋭く焦点をつく子でもあり、努力しなくてもグループのプロセスの半歩先を行っていました。グループの子供たちはすぐにケリーを気にかけ、みんなのやっていることに入れてあげました。ケリーは他の人たちと結びつき、そのおかげで、深く埋もれていた感情に触れることができました。

父親のマイクは、飲酒をやめて一年がたったばかりでした。ここにたどりつくのに八年以上苦労しており、この誘惑的な病気のせいで、つまずき続けてきたのでした。再発するたびに娘をどれだけ傷つけてきたのかということを、苦しみながら理解したとき、マイクは罪悪感と恥の気持ちでいっぱいになりました。マイクは二人にとってより良い人生を望んでおり、自分の回復もそれにかかっているということもわかっていました。マイクは、十二歳のときにアルコール依存症で亡くした自分自身の父親とは経験できなかったような親密な関係を、ケリーと築くことを強く望んでいました。

三日目に、ケリーが父親と話をする番になりました。グループの真ん中でお互いに向き合うと、言葉を発する前から二人とも泣き始めました。ケリーの読み上げた文章では、ひどくケリーを傷つけ、二人の関係性を妨げてきたもっとも緊張を強いられた出来事については都合よく忘れられていました。私は驚きませんでした。ある朝の恐怖の出来事について話すようにケリーに最初に頼んだとき、私が何か言う前に、ケリーはとっさに首を横にふりました。

ケリーが読み終わってから、私はマイクに、娘さんの考えていることや気持ちを全部知りたくはないかとたずねました。困惑して、マイクはケリーを見つめると、静かにこう言いました。

「教えてくれ。本当に知りたいんだ」

ケリーは深呼吸をすると話し始めました。「土曜日の朝、目が覚めると、お父さんが床に横になっていた。動かないみたいだったから、いつもみたいに救急に電話したの。救急隊が来てお父さんを助けようとしていたけど、一人が『これはやばそうだな』って言ったのが聞こえたわ。お父さん死んじゃったんだって思った」ケリーの涙が奥深いところから流れ出ました。これを聞いて、マイクはびっくりしていましたが、ケリーは続けました。「お父さんを失いたくないの。でもこんなことはもう嫌なの。お父さんを失うんじゃないかって思うのは怖いのよ」二人はしばらく抱き合って涙を流しました。

ケリーとマイクは希望を取り戻し、今後の家族のプランを抱えて帰宅しました。数週間後、マイクは娘との距離が近くなったが、ケリーは恐ろしい悪夢にうなされていると報告の電話をくれました。ケリーは寝る時間になると父親のことで悩み、病気がまた父親を陥れるのではないかと不安になり、夜の間も父親のことを確認していたのでした。セラピストの元へ再度行くことはとても助けになることでしたし、マイクはまだ何かが欠けていると感じていました。

車で五時間もかかるのにもかかわらず、二人の関係を探り、回復させるという本物の責任感で、マイクはケリーを私のところへ再び連れてきました。この病は父親を再び乗っ取るのではないか、そうなったら次はもう父親を救えないだろうという不安や恐れを、ケリーはすぐに話してくれました。ここがケリーのジレンマの難しいところでした。ケリーは不安や恐れを感じていましたが、本当に父親を救うためにできることは何もないのでした。

私はケリーに目を閉じて神様の手、大きな大きな手を思い浮かべるように言いました。こうしているとき、ケリーに大きな笑みが広がりました。病気が父親を再び捕らえるのではないかと心配になったときには、神様の手に父親を直接、ゆだねるようにすすめました。結局のところ、神様は誰よりも何よりも父親を守ってくれるでしょう。ケリーは目を開けると、楽になったように見えました。私は棚から樫の木でできた美しい箱を取り出し、ケリーの手のひらに乗せました。その箱の上に言葉が書いてあるのを見つけ、ケリーは読み上げました。「神様の箱」私はこの箱を数年前のある会議の際に買い求めたのですが、この箱を使って自分では変えられない人生の問題を手放し、慰められていました。この箱を次の人に渡すべき時がきたのです。「夜、ベッドに入る前に、神様に助けてほしい問題や感情を書いて、この箱に入れるんだ。寝ている間に特に神様に守ってほしい人物の名前もね」私はケリーに言いました。ケリーは強く私を抱きしめると、茶目っ気のある笑顔が再びあらわれました。

これは四年前のことです。現在、マイクは五年間、薬物を使用しないでしらふの生活をしています。ケリーとはこれまでにないほど親密になり、共に過ごす日々を大切にしています。ケリーはあの箱を今でもときどき使っているということです。悪夢はもう見ていません。

どう感じる？

依存症家庭で育った子供を援助するときの重要なゴールは、子供たちが考えや不安なこと、感情を表現できるようになることです。子供たちは自分の感情が何であるかをわかっていると思っている大人がほとんどですが、それは間違っています。私の何年間もの経験では、子供たちの両親も依存症の問題を抱えた家庭で育っていることが多く、感情のすみずみまで理解した経験がほとんどありません。たとえば、これまで経験したことのある感情を三つ四つしか言えない人もいます。同じことが子供たちにもいえます。子供たちは、感情を口にすることをすすめられたり、健康な方法で感情を認め、表現するお手本がいたりするような家庭では育ってきていません。そのため、感情についてはじめに学ぶということは、子供たちにとってきわめて重要なことです。

何年も前に、ロシアから心理学者が子供プログラムの五日間のトレーニングを受けにきました。彼女はプログラムで起こったことほとんどすべてについて質問をすることで、私が教えた以上のものを私に教えてくれました。彼女はまったく子供プログラムの経験がなかったので、新鮮な視点を与えてくれました。彼女の質問によって、私はアプローチを深め、強めることができ、子供たちやその家族の人生に非常に効果的となりました。子供たちが自分の感情を認め、表現する手助けとして、壁に視覚的な手がかりを掲示しておかないのはどうしてかと彼女はたずねました。なんてすばらしいアイデアでしょう！　その翌日には、グループセッションの部屋に感情を表した顔が飾られました。「今日はどんな気分？」という六十四の顔が載ったポスターではありません。感情を表した顔は八～十個だけです。

その日からどのグループセッションの部屋にも、感情を表した顔を登場させました。私の別の著書Discovery: Finding the Buried Treasure（発見――埋められた宝を探そう）に書いた感情の国ゲームのような、これを使ったプログラムも作りました。

許し

ジャスティンは家族の中で一番年下です。ジャスティンはとても優れた子供で、笑顔を浮かべ、腕まくりして、プログラムのはじめから終わりまで一心に取り組んでいました。この八歳の男の子は〝表面的にうまくいっている家族〟の中で暮らしていて、水面下にはトラブルやストレスが隠されていました。

プログラムの三日目に、ジャスティンはとても不安そうな表情で私を呼び止めました。「今日の午後からのお父さんのグループセッションにぼくと一緒に行ってくれないかな?」ジャスティンは心配そうに聞きました。「ジェリーがいないとやれないような気がするんだ」ジャスティンが泣きだしたので、私は抱きしめて、どんなときでも一緒にいると伝えました。ジャスティンは、父親のグループセッションに行って、依存症がどれだけ家族を傷つけてきたかを父親に告げるという、気後れするような挑戦をするのでした。さらに悪いことに、祖父母を含め、家族全員が参加することになっていました。

父親のグループセッションに向かうとき、ジャスティンは私の手を握り、ギュッとつかんでいました。「君ならできるさ」私はジャスティンを励ましましたが、「ジェリー、怖いよ」とこぼしていました。私はジャスティンの目線に合わせてしゃがみましたが、励まそうと言葉を発する前に、ジャスティンはこう言いました。「ぼく、お父さんとお母さんを傷つけたくないんだ」

「私もそうだよ」私は同意しました。「ただ真実を語ればいいんだ。依存症のことを話すんだ」と私が言うと、ジャスティンはにやっと笑い満足げにうなずいて、早く行こうと言いました。ジャスティンは自分がどれだけ父親を愛しているか、どれだけ父親のアルコール依存症を憎んでいるかについて、父親に伝えるという大仕事をやってのけました。グループの参加者はこの八歳の男の子の勇気ある発言に感動して涙を流しました。参加者のほとんどが、依存症に傷つけられた家族の中で育っており、ジャスティンの痛切な言葉や態度に容易に共感できたのでした。

ジャスティンに他に言いたいことがあるかと聞いたときに、ようやくはじめて涙が頬を伝い、下唇が震え始めました。ジャスティンは父親をまっすぐ見つめてこう言いました。「お母さんを傷つけないで。お父さんはお母さんをぶったり、ののしって傷つけてるんだ」ジャスティンの言葉にグループの参加者は動揺しましたが、彼はやめませんでした。

「ぼくのこともひどくののしったよね。だからぼくはお父さんが怖くなった。でもお父さんのことがまだ好きなんだ」最後の言葉を言って、ジャスティンは父親に手を伸ばし、腕の中へ飛び込みました。家庭内暴力という家族の秘密をばらしたのは、八歳の男の子なのでした。私たち二人が立ち去った後、このグループにはたくさんの課題が残りました。

家族プログラムの最終日、許しについて学ぶ時間に、ジャスティンと私は招かれました。到着するとすぐに、父親は息子に、輪の真ん中に一緒に座るように言いました。父親は少し気持ちを落ち着けてから、息子に言いました。「ジャスティン、おまえをののしったり、一緒に過ごす時間をとらずにいたり、お母さんを傷つけたりしたことを許してくれるかい？」

ジャスティンはすぐにこう答えました。「もちろんだよ。でも許してあげるけど、一つ条件があるんだ」

この日のためにジャスティンは準備をしてきましたが、決めていたコースを外れていきました。

「一週間に二回、ぼくと遊んでくれたら許してあげる」グループは笑いに包まれ、父親はそうすることを約束しました。

次に、祖父が父親を真ん中に招きました。この七十一歳の祖父が息子について語りだしたとき、私は背筋が凍る思いでした。「一緒に過ごす時間をとらず、ひどくおまえをののしったり、お母さんを傷つけたりしたことを許してくれるかい？」まるで、父親と祖父は許してもらいたいことのリストを一緒に作ったかのようでした。トラウマや虐待というものが、いかに世代連鎖するかということがおわかりいただけるかと思います。

父親は長年待ち続けていたその言葉を聞き、泣きだしましたが、ついにこう答えました。「もちろんだよ、お父さん。許すよ」二人は抱き合いました。

ジャスティンの父親はグループの輪の外へ出ようとしましたが、祖父は動きませんでした。ついに、祖父は顔を覆って泣きだしました。「どうしたのですか」と私がたずねると、祖父は顔をあげて、ゆっくりとこう答えました。「私も父親を許したのです」

この流れを引き起こしたのは一人の子供なのでした。今日この日に、依存症、トラウマ、虐待の世代連鎖はさえぎられたのです。

リビングにいる象

依存症や依存症者について話をするとき、グループの中に恐れや動揺が感じられることでしょう。ほとんどの場合、依存症がまったく自分のせいだと恐れているのです。直接的、間接的にそう言われてきた人もいますし、自分の中でこの結論に達してしまう人もいます。グループの子供たちそれぞれに合ったやり方で学習できるように、この病気に光を投げかけるためのさまざまなツールを利用することが重要です。私はいつも、お話、映画、アート、ゲームを組み合わせて使うようにしています。子供プログラムでの本当の魔法とは、同じことを体験した仲間、似たような問題や不安、感情を抱えた仲間と一緒に部屋にいることなのです。自分は一人ではないということに、ここではじめて子供たちは気がつき、実感するのです。

この本の中では依存症ゲームについて何度も取り上げてきました。依存症ゲームは、他のプログラムと違い、子供たちに依存症という病気をパワフルに教えます。依存症ゲームでは病気のプロセスの一般的な概念を、依存症を擬人化することで非常に明確化していきます。ファシリテーターは病気を演じ、子供たちは聞いて、見て、反応して、感じることができます。依存症が言うことは嘘ばかりで、罠を仕掛けてその人の人生を支配しようとするということを、子供たちは知るようになります。子供たちはパワフルな視覚的な映像を通して、愛する人と、愛する人を食いつくす病とを分けて理解するようになります。そして、ある人が依存症であることや、その依存症によるさまざまな混乱や問題は自分のせいではないということをしだいに理解し、年齢と共に、自分に責任があるように思わされてしまう罠を避けるための方法を身につけるようになります。

お母さんを家に連れて帰る

「そんなことありえないわ」その女性は怒りを含んだ口調でそう言いました。私は彼女の声に含まれている感情をはっきりと聞き取ることができました。息子さんがお母さんの飲酒の問題で悪影響を受けているかもしれないと言っただけなのに、それも非常に慎重に、穏やかに、礼儀正しく言ったのですが、彼女には聞くに堪えなかったようです。彼女は、私の正面に座っていて、いかにも聡明で魅力的な三十四歳の内科医でしたが、世界中で私のオフィスだけにはいたくないと思っているような雰囲気でした。自分の一番上の子供は何の影響も受けておらず、子供プログラムにも参加させるつもりなどないと、一生懸命、私を説得しようとしていました。「私は夜、サミーが眠ってから飲んでいるだけだから、サミーが気づくわけはないわ」彼女はそう主張しました。「いろいろ余計なことを言って、変な考えでサミーの頭をいっぱいにしないでほしいの。まだ八歳なのよ」彼女は私をにらみつけてこう言いました。「私は良いお母さんなんだから」私が肯定してうなずいても、部屋を飛び出していってしまいました。

否認のために、病が自分だけでなく、愛する人、特に子供も同じように傷つけているということを認められないのです。そもそも、健全な心をもつ人なら、子供を傷つけるでしょうか？　自分には問題があるということを認めることは、痛みを伴う作業です。しかしこの誇り高い、思いやりのある母親の否認には少しずつひびが入ってきているようでした。

この最初の出会いから五日後、彼女は子供プログラムのスイミングから子供たちが帰ってくるのを見かけました。子供たちは満面の笑みで、午後のプールの時間に私を〝投げ入れた〟ことについて笑っていました。私が頭のてっぺんから足のつま先までびしょびしょになっているのを見て、さすがに彼女も笑いをこらえられませんでした。この子たちはストレングスや希望、夢に満ちたすばらしい子供たちです。そばをにぎやかに通り過ぎていく子供たちを見て、何かが彼女の心を動かしました。「もう一度会えるかしら？」彼女は私とすれ違いざまにたずねました。「四時はどうですか？」と私は答えました。「それまでには、私の着ているものも、乾くと思うので！」

彼女の雰囲気や口調はかなり柔らかくなっていました。彼女は話し始めました。「八歳は幼すぎると思いませんか？　彼は本当にこのことを何も知らないんです」感情のこみ上げた表情から、彼女は誠実なのだと私は思いました。

「息子さんは、今、あなたがどこにいると思っているのですか？」私はたずねました。

彼女はこの言葉を聞いて涙を流すと、こう言いました。「仕事に行っていると思っています」ここで言葉を止めましたが、私が横から口を出す前に、続けてこう言いました。「でもこんなに長く出かけていたことはないわ」今の状況を新しい視点から見ることになり、さっと悲しみが彼女を覆いました。彼女は、この施設でアルコール依存症の治療プログラムに参加しているのです。

「あなたは依存症の家庭で育ちましたか?」私はたずねました。

「ええ、でも私の母の飲み方とはずいぶん違うわ。いつも叫んだりけんかしたりで、母は私にかまう時間なんてなかった」彼女は頭に血がのぼってきた様子で強く言いました。「とにかく私はあんな風ではないわ。叫んだりしないし、子供たちとたくさん一緒に過ごしているわ」

私はわざとさえぎってこう言いました。「あなたが八歳だったころ、こういうプログラムは、ありましたか? もしあったとしたら、プログラムから得られるものは、あったでしょうか? あなたの人生はもっと良くなっていたでしょうか?」

彼女の言葉は止まり、冷たい沈黙が流れました。「もう行かなくちゃ」彼女は言いました。

サミーの父親は、子供プログラムは良くないという妻の意見に賛成していました。ある金曜日の午後、息子が三年生の担任からの手紙を持ち帰るまでは。担任の先生は学校でのサミーの様子が本来の彼ではないので、心配していたのです。サミーは寂しげで、内にこもっており、注意散漫な様子でした。この思いやりのある先生は、この利発な少年を悩ませることが何か家庭で起こっているのか知りたいと思っていました。父親はこの手紙を読み、すぐに行動を起こす時だと思いました。下の二人の子供たちがベッドに入ってから、父親はサミーに説明をしました。「お母さんは今、仕事に行っているんじゃないんだ。お父さん、おまえに何て言っていいのかわからなかったんだ。お母さんは、夜、おまえがベッドに入ってからワインを飲んでる。ときどき、飲みすぎておかしくなることがある。だから今、お母さんは援助が受けられる特別な場所に行ってるんだ。日曜日にお母さんに会いに一緒に行こう」

サミーは何も言おうとせず、無表情でした。気まずい沈黙の後、サミーは静かにこう言いました。「お父さん、ぼくもう寝るよ」

父親は翌朝早く、下の台所から大きな音がして、五時半に目が覚めました。戸棚が開き、ドアがバタンと閉められ、誰かが独り言を言っていました。土曜日の朝、こんなに早くから何が起こったのでしょう？　台所に入ると、サミーがちゃんと着替えてそこにいました。トレーナーのフードまでかぶっていました。サミーは懐中電灯を右手に、フルーツロールアップ（訳注：薄く延ばし、シート状にしたフルーツ味のする駄菓子）を左手に持っていました。

「いったいぜん たい、何をしているんだ？」父親はサミーにたずねました。「サミー、真夜中だぞ！」

サミーは父親の方を向いてこう言いました。「お父さん、ぼく、お母さんを迎えにいって、うちに連れて帰ってくるよ」

父親はその言葉を聞いて驚きました。父親の顔に涙が流れると、サミーは言いました。「お父さん、ごめんなさい。お母さんが友だちの家に遊びにいかせてくれなかったとき、本当はお母さんのこと嫌いだなんて言うつもりなかったんだ。もっと学校の授業もがんばるし、犬の糞も全部片づける、妹たちともうけんかしないよ。ぼくがお母さんをストレスで疲れさせて、お酒を飲ませてしまったこと、お母さんにごめんなさいって言いたいだけなんだ」父親は息子を抱きしめると、二人は泣きました。

その後、電話で、父親は妻にこのことを話しました。この話は母親の心のとても深い、繊細な部分を動かしました。翌朝、私が仕事に行くと、母親はオフィスの前に立って私の到着を不安そうに待っていました。

「次のプログラムに息子を参加させたいのです」彼女は言いました。

「もちろん」私は興奮して答えました。「あなた自身が子供のときに渇望していた贈り物を息子さんにあげることになるのです。家族の遺産をあなたが変えるのです」

「私は子供たちをとても愛しているだけです」彼女は言いました。

「ええ、はじめてあなたに会ったときからわかっていましたよ」

……………治療と回復

依存症について子供たちが学ぶということには、さまざまな意味があります。愛する人の問題が病気であるということを理解し、まだ残っていた否認が打ち破られることもあります。また多くの大人も同じですが、子供たちにとって、愛する人がよくなるのなら何でもしようというつもりなのに、依存症者をなんとかしたり、家族の問題を解決したりするのはどうにもできないことなのだと理解するのはとてもつらいことです。一方、病気が自分のせいではないということと、自分は一人ではないということも理解します。子供たちの希望を積み上げる努力の一つとして、私たちは子供たちに「治療と回復」を紹介しています。治療と回復（T＆R：Treatment & Recovery）は依存症という病の一番の大敵となります。このT＆Rは、治療やカウンセリング、12ステップミーティング、セラピー、信頼の回復など、さまざまな形をとって示されます。アルコール依存症者や、その他の依存症者が援助を求めたり、インターベンション（介入）を通して病気を受け入れると、Ｔ＆Ｒは援助の手を差し伸べ、病気を防ぐための避難所を提供します。

Ｔ＆Ｒを日々の生活の一部として取り入れることで、子供たちと家族は本当に癒されることができます。カウンセリングや教育的なサポートグループを通し、地域でも学校でも、依存症の家庭で育った子供たちは子供であることを学ぶことができます。子供たちは楽しみをもち、新しい興味を育て、たくさんの活動に参加します。自分自身のことを気にかけ、安全に過ごすための、新しい方法を学ぶことができます。自分の考えや感情を信頼する人へ伝えることができます。自分を助けてくれる安全な人や場所を見つけることができます。愛する人が依存症に捕らわれたままであっても、子供たちは自尊心が高まり、ストレングスを育てることができます。自分の存在を祝し、家族に何が起こっていても、すばらしい、バランスのとれた人生に向かっていくことができます。

おばあちゃんに電話して

テッサはかわいらしい五歳の女の子で、私ははじめて会ったときから心を奪われてしまいました。テッサは青い目、髪はブロンドのカールで、部屋を魔法のように明るくする、輝くような笑顔を見せるのでした。木曜日にはジーンズのオーバーオールに茶色のサンダルを履くことをユニフォームのようにしていて、四～六歳のグループセッションに、毎週、熱心に参加していました。母親がアルコール依存症の治療プログラムに参加し、テッサもこのプログラムに来るようになりました。私はこのグループセッションをいつも楽しみにしています。

四～六歳の子供たちとのプログラムでは、常にものごとをわかりやすくするようにしています。何度も言いますが、子供たちをプログラムに合わせるのではなく、プログラムを子供たちに合わせることが重要です。そのために、私たちの週一回のグループセッションは四十五分となっています。二十分の導入と創造的な活動の後、短いトイレ休憩をとり、わくわくするゲームを行います。手をたたいたり、犬のように吠えたり、蛇のようにくねくねと歩いたりしながら、リーダーの後をついて治療センターの中を歩き回るゲームです。残りの十五分は簡単な話し合いやクロージングです。このグループは最大でも六人までで、子供たちはみんな、一人ひとりに向けたたっぷりの愛情と注目を受けています。

テッサはプログラムがすぐに気に入り、いつもとても喜んで話をしていました。プログラムの二回目のセッションでテッサが言ったことを、私は忘れないでしょう。「もうお母さんに病気でいてほしくないの」テッサはグループのみんなに向かってこう言いました。お母さんが病気だということがどうしてわかるのかと聞かれると、テッサはこう言いました。「そんなの簡単よ。布団に入って、寝てばかりいて、とっても機嫌が悪くて私を怒鳴るの」テッサは深いため息をつくとこう言いました。「お母さんは私のこと忘れちゃうのよ。私のことなんて忘れてしまうの」テッサが泣き出すと、みんながまわりに集まってきました。テッサがこのグループセッションに半年間、通うことが、母親の継続治療計画に含められていました。最後のセッションでは、テッサは私にきれいに包装された小さなプレゼントをくれました。バッグス・バニー（訳注：人気アニメのキャラクター）のキーホルダーです。今日まで私はこのプレゼントを大切にしています。私はテッサのことは手放しがたかったのですが、彼女が母親と一緒に新しい人生を始めることを喜んでもいました。

一年半が過ぎ、その間この家族の話を聞くことはありませんでした。ある日、小学校の二年生になったテッサが学校から帰宅して、母親を見るとこう言いました。「またオエッとするようなものを飲んでるのね」

母親は強く否定しましたが、テッサは言いました。「じゃあ、グラスに入っているのは何？」

「ダイエットコーラよ」母親は言いました。

母親が手を伸ばす前に、この七歳の少女はそれを一口飲むと流しへ走っていって吐き出しました。実際にテッサはそのグラスに入った〝オエッとするような〟ものを味わったわけです。傷つきや怒り、失望がその小さな体に押し寄せ、テッサは母親をにらみつけると、部屋へ行ってドアを静かに閉めました。母親は、びっくりしている様子で、何と言ってよいか、どうしてよいかわかりませんでした。

二十分後に、テッサはリュックを背負い、クマのぬいぐるみをしっかり抱えて出てきました。リュックには着替えと大事な宝物がたくさん詰まっていました。テッサはゆっくりと母親のところに行くと、やさしくこう言いました。「おばあちゃんのところに電話をしてほしいの。ママ、私はもうここでは暮らせない。あのオエッとするようなものを飲み続けていたら、ママ、死んじゃうよ」母親は、娘のシンプルだけれども痛切な言葉を聞いて、長椅子に崩れ落ちました。しかしテッサはこれでは終わりませんでした。「ママ、愛してるわ。でもああいうことが起こるなら、ここにはいたくないの。外で待ってる。ママ、バイバイ」

テッサが玄関に行く前に、母親は娘を呼び止め、強く抱きしめました。数分のうちに、母親は電話をかけ、一時間もしないうちに、治療施設に戻りました。

セルフケア

依存症家庭で育った子供たちは、家族の問題に巻き込まれるあまり、自分自身のことを忘れてしまいます。多くの子供たちは、依存症者に注目し、飲酒や薬物使用が止まることを願っています。依存症ではないほうの親のことを心配して、別居や離婚になるのではないかと恐れている子供もいます。子供たちには、自分自身を大切にしている人という役割モデルがほとんどいません。みな、依存症という、ハイスピードで予測できないジェットコースターから降りられなくなっているのです。

何年も前に、私は子供や家族にセルフケアについて伝えるテレビ番組を真似たゲームを作りました。『ジェパディ』と『ホイール・オブ・フォーチュン』（訳注：いずれもアメリカのクイズ番組）に少しずつ似ているので、私はこのゲームを「ジェパディ・ホイール・セルフケア・ゲーム」と呼んでいました。身体、心、感情、精神、子供の五つのカテゴリーがあります。これはすべて、日々、自分を大切にするための方法として重要なものです。ルーレットを回転させて、子供たちと親たちは、五つのカテゴリーすべてにおいて、自分自身をケアする方法をブレーンストーミングします。全員が、グループセッションの中で、セルフケアのアイデアを分かち合います。

続いて、参加者はセルフケアバッグの飾り付けをします。自分だけの作品に満足したら、インデックスカードを五枚もらい、セルフケアのアイデアを両面に書き込みます。たとえば、エクササイズをする（身体）と一枚に書いたら、その反対側には、読書（心）と書きます。日記をつける（感情）と祈る（精神）と書いたカード、遊ぶ（子供）と休む（身体）と書いたカード、というように作っていきます。ゲームの間、ホワイトボードに書かれた五つのカテゴリーのジェパディ・ホイールから導かれた答えから、グループの参加者は自分にとって一番良いアイデアを選ぶことができます。各自記入したインデックスカードを、自分のセルフケアバッグの中へ入れます。

私は、子供にも大人にも、このバッグを毎日使うようにすすめています。バッグを振ってカードを一枚取り出し、両面を見て、どちらかのアイデアに決めます。十五分間、自分自身のケアだけをしましょう。非常にたくさんの参加者が、このシンプルなやり方が何年間も非常に役に立ったと報告してくれています。

ひとりの時間

トミーという男の子はとてもおとなしくてほとんど目立たず、しかしグループにうまく溶け込んでいました。休憩時間や、特にプールのような、自由な遊びのときには、やや孤立していました。この十歳の男の子に笑ってもらうのは非常に骨が折れましたが、それを成しとげたときには、本当に関係が深まったように感じたものです。トミーは常に私のそばに座りたがり、センターの中で違う場所へ移動するときには私についてくるのでした。私がふざけるとトミーは笑いますが、グループセッションでは自分を覆い隠したままでした。

トミーは私の好奇心をそそりました。この小さな少年の心の内側では何が起こっているのでしょうか？　私は、プログラムの初日のうちは、子供たちの情報をあまり入れないように意識的に努めています。もちろん、アレルギーや、誰が薬をのんでいて、誰が泳げないのか、といった必要なことについては把握しています。私はどの子供に対しても先入観なしで始めたいし、家族の質問票に書かれていたことで偏った見方はしたくはないのです。のちに、トミーは母親を依存症に関連した潜行性の病気で亡くしていたことを知りました。その直後に、父親は子供を乗せたまま、薬物を使用しての運転（ＤＵＩ）で逮捕され、子供たちはすぐに緊急的に里親へ出されました。幸運なことに、トミーと妹は一緒にいられたので、妹の面倒を見ることができました。この十歳の男の子はこんなに小さいのに、とても多くの困難に直面していました。

エクササイズでトミーが話す番になりましたが、そこには怒りや傷つき、失望といったものが言葉や表情、態度には含まれていませんでした。「自慢のパパだったよ。テストをすぐに受けて、援助を受けて、ぼくたちのところへ戻ってくるんだって聞いて、パパがどれだけぼくのことを愛してるかわかったよ。愛してるよパパ」トミーは涙を浮かべて、静かにこう続けました。「もう薬はやめて、パパ。ぼくにはパパが必要なんだ」素直な発言、生の感情、大きな進歩でしたが、次は母親について語るときです。子供のグループセッションの二日目が終わろうとしているときに、私はこの問題を切り出しました。二人は涙を流し、トミーは顔を手で静かに覆いました。

母親の話が出ただけで、トミーと父親は泣きだしました。二人とも、母親が亡くなってから、母親の話をしたことはなかったのです。私は二人がどれだけ母親を恋しがっているだろうかと思いました。トミーは母親は天国にいると言いました。そして私は母親のことを話してみるようにと促しました。トミーは目を閉じてわずかに顔を上げるとこう言いました。「お母さんに会いたいよ。お母さんのことを愛してるよ。いつも愛してるよ」トミーは父親に抱きつきました。トミーの勇気ある行動によって、父親も悲しむことができました。これまで二人ともどうしたらよいかわからず、母親のことが話せなかったのです。

午後には、二人は感情的に疲れきって帰宅しました。癒しの旅路の中で、大きな一歩を歩みだしたのです。土曜日の夜だったので、たくさんの友人が週末を楽しむために集まっていました。笑いや愛情が部屋中に満ちあふれている中で、トミーは父親を見つけて言いました。「自分一人の時間がほしいんだ」息子はグループセッションでこのやり方を学んだのだと思ったと、父親は私に後になって言いましたが、まだこのときは、この話題に触れてはいませんでした。トミーは自分の部屋へ向かい、十分後には父親が声をかけました。

「何をしていたんだい？」父親はたずねました。

トミーは父親をまっすぐ見つめると、こう言いました。「ママと話していたんだ」二人はほほえみ合いました。

アマンダは安全を手に入れた

元気いっぱいな八歳の少女、アマンダは、体は小さいけれど、年齢以上によくできる子でした。ブロンドのカールヘアに、緑色のアーモンド型の目をしていて、そのほほえみは世界中を歓迎しているようでした。誰もがアマンダと友だちになりたがりました。アマンダの行く先々でほほえみが広がりました。しかし、この温かく楽しげな外見は、混乱や傷付き、恐れを抱えた少女をかろうじて覆い隠しているにすぎませんでした。アマンダは母親を世界中の誰よりも愛していましたが、母親はアルコール依存症の奈落に転落し続けているために、アマンダは苦しみ、戦っているのでした。

両親は別居していて、アマンダはほとんどの時間を父親と一緒に生活していました。父親はすばらしい人で、母親が巻き起こす混乱と狂気から、末っ子のアマンダを守ろうと最善をつくすのですが、アマンダも他の家族も、みんなが巻き込まれてしまうのでした。父親は心配をしながらも、アマンダと母親の深い絆を受け入れていました。六年間もの間、毎週、父親はアマンダを子供プログラムに参加するために一時間以上かけて車で送迎していました。アマンダが依存症についての理解を深め、家族の状況にうまく対処できるようにするためです。愛情のある行動といえます。このとてつもない尽力について話す中で、父親はこう言っていました。「私がしてきたことは、私が子供のときに必要だったプログラムに娘を参加させることでした」目から涙があふれ、私と心のこもった長いハグをすると、こうささやきました。「娘を助けてくれてありがとう」彼は自分が子供のときには受け取れなかった贈り物を娘に与えたのでした。それは、成長し、学び、回復するための安全な場所です。

アマンダはプログラムを通して大きな進歩をとげました。アマンダは自分が一人ぼっちではなく、アルコール依存症や薬物依存症を抱えた親を愛している子供たちが何百万人もいるということを知ったのです。子供は親が酒を飲んだり薬を使ったりすることをやめさせることはできないと知って、アマンダは救われました。それまでの、親の問題を自分がなんとかしなければならないという考えは、アマンダを苦しめ、胃痛や悪夢の原因となっていました。母親の飲酒はアマンダのせいではないのです。依存症を抱えた人は悪い人ではない、ときどき、病気のために間違ったことをするだけだ、というプログラムの教えにアマンダは従順で、ぐらつかなくなりました。「私のママはとても優しい人なの」アマンダは言いました。「ママは私と遊んでくれて、夜はベッドで寝かしつけてくれるわ。いろんなことを教えてくれて、私が特別な存在だと言ってくれる。ママのことが大好きよ」長いため息の後で、アマンダはこう続けました。「でもお酒を飲んでいるママは嫌い。いつものママが戻ってくるなら何でもあげるわ」みんながうなずきました。アマンダの気持ちがみんなに共鳴したのです。

ある晩、感情的に苦しいグループセッションの後、アマンダは私と二人になるまで待っていました。「話さなくちゃいけないことがあるの。もうこれ以上、黙っていられないの」私たちは向かい合って座り、長く気詰まりな沈黙が流れました。やっと勇気を出して、アマンダは二週に一度、母親を訪ねる土曜日に起こることを話し始めました。朝、車で母親のお気に入りのバーに行き、母親が飲んで出てくるのを一人で車の中で待つのです。涙を流してアマンダは話を続けました。「二十分で出てくることもあるし、それ以上のときもあるの」泣きじゃくりながらこう続けました。「ジェリー、外が真っ暗になるまで待つこともあるの。いつもママが戻ってきますようにって祈るの。とても恐ろしい時間で、気持ちもとてもつらいの」長い長い間、心の奥深いところに葬っていた感情をアマンダは解放しました。この勇敢な少女を、私は抱きしめました。最後にアマンダはこう言いました。「ママから私を離さないで。ママにもう会えなくなるんじゃないかと思うと怖くて、誰にも言えなかったの。私はママのことが大好きなのよ」

私は子供たちに、安全に過ごすことの重要性を教えています。子供たちは〝安全な人〟を見つけます。信頼できて、恐怖や恐れを感じたときにはいつでも呼べる人です。何週にもわたって、アマンダや他の子供たちと、この点について集中的に話し合いました。父親がこの状況に気づいて、娘を守るためにさまざまな行動を起こしましたが、法的な手続きは非常に時間がかかります。アマンダは常にポケットに小さな入れ物を持ち歩いていますが、それには安全な人たちの名前と電話番号、五〇セント玉が入っています。アマンダの父親と私は、アマンダが安全な人に電話をかける必要があるようなシナリオをいろいろと考えてみました。

数週間後の土曜日の朝、アマンダはまた、母親がバーから出てくるのを待っていました。「私はパニックになりそうだったけど、安全に過ごすことが重要だって思い出したの」のちに、アマンダはグループセッションの中で語りました。アマンダは混み合った交差点の横断歩道を渡り、公衆電話を見つけました。

父親は電話に出ず、祖母にも連絡はとれませんでした。ついに、兄のビリーの強く、安心する声を聞くことができました。「十分でそこに行くから」アマンダは道を渡って戻ると、バーに入り、大好きな母親を探しました。

ついに見つけると、アマンダは母親の膝に這い上がり、強く抱きしめました。アマンダは母親にキスをすると、言いました。「ビリーがもうすぐ私を迎えにくるわ。ママ大好きよ。でも、今日はママとは一緒にいられない。私はただ子供でいたいの」そして、床に飛び降りると、こう言いました。「愛してるわ、ママ。また二週間後にね」アマンダが薄暗い照明のバーの中を通り抜けて外へ出ると、兄が待っていました。

第5章

回復を始めよう

人としての価値

本書の中でたびたび紹介してきた、ジュディ、アンジェラ、ブレンダンの家族を思い出してください。この家族の末っ子がイブリンです。父親のブレントが痛ましいことに亡くなったとき、イブリンはまだほんの四歳でした。まだ赤ちゃんの、アンジェラやブレンダンの妹でした。母親が穏やかに、そして勇敢に、父親は神様と一緒に帰っていったと告げたときの子供たちの表情は、私の記憶にいつまでも刻まれるでしょう。

アンジェラはわっと泣きだし、ブレンダンは息を飲みました。ショックが広がり、すぐに部屋は泣き声でいっぱいになりました。幼いイブリンは目を見開いて混乱していました。イブリンは、父親はちょっと旅に出て、すぐに戻ってくると思っていたのでしょう。母親は後から、イブリンがこう聞いてきたと言っています。「お父さん屋さんへ行って、新しいお父さん買ってこようよ」

イブリンは大きくて茶色の無邪気な瞳に、美しい長い黒髪をもった、かわいらしい女の子でした。イブリンを見るたびに、私はその父親を思い出します。悲しいことに、イブリンは父親のことをほとんど覚えていません。イブリンは七歳の誕生日を迎え、子供プログラムに参加する番になりました。イブリンは家族についての真実を知ってもよい年齢でしたし、それを間違いなく父親も望んでいるだろうと私は確信していました。イブリンは聞いてくる人誰に対しても、「アンジェラとブレンダンがやっていた楽しいこと」を自分がする順番がきたのだと話していました。いつもは声も小さく、ささやくようで、静かで恥ずかしがりですが、イブリンは変わろうとしていました。

信じられないような気持ちですが、アンジェラはもう十代で、美しく優雅な年頃の女性として花開いています。今でも夜の継続ケアのグループとアラティーンプログラム（訳注：ＡＡの12ステップを使ったティーンエイジャーのためのプログラム。ティーンは大人への入り口にいる年齢で、決して大人の言いなりにはならず、ときにはすべてに反抗的である。そのために、依存症者の家族であるティーンだけを対象にしたプログラムが生まれた）にきちんと参加しています。人生はアンジェラにとってすばらしいものですが、途中ではたくさんの苦労もありました。父親の死に対する罪悪感に向き合うのは大変でした。アンジェラは父親が亡くなった夜、父親と一緒に出かけるはずだったのですが、最後の数分で父親の気が変わったのでした。「もし私がお父さんと一緒にいさえすれば、まだ生きていたのに」アンジェラは個人セッションでそう言ったことがありました。「私が目を離さずに、ずっとお父さんのそばにいたら、お父さんは飲まなかったと思うの」そう言っていました。今は、アンジェラを愛している人たちがまわりにいて、彼女は自分が一人ではないということを理解しています。父親の死は自分のせいではないということを、本当に受け入れています。アンジェラのダンスはどうでしょう！　ダンスからにじみ出る喜びと優雅さは、息を飲むようです。

ブレンダンはすばらしいお兄さんです。ブレンダンは隠そうとしますが、彼は人生で父親という愛すべき存在を失った、とてもおとなしくて繊細な子供なのです。父親の死に触れることに疲れて、継続ケアのグループを休んでいました。グループセッションで話すか話さないかは自分で決めていましたが、プログラムではたくさんの父親との思い出――楽しかった時間、ストレス、再発、葛藤、愛情、怒り、無力感、死など――が思い出され、そうした中に身を置くには、ブレンダンには時間が必要でした。このことについて私と話し合い、自分自身のために境界線を設けることができるというのは、ブレンダンにとって重要な一歩でした。イブリンが子供プログラムに参加する番になり、妹のサポートのためにブレンダンがまたここにやってきたことは、大きなことでした。ブレンダンはそういう若者でした。

プログラムに参加する子供と家族を登録するのはスタッフみんなですが、各回のプログラムに参加するのは二〜三人ずつで、最初のセッションで子供一人ひとりの自己紹介があるまでは、どのような共通のテーマがあるかは知りません。プログラムが開始されて、ブレンダンとイブリンの他にも、このグループの三人ほどがこの病気で親を亡くしていると知り、私は背筋の凍る思いで涙があふれました。こんなことはこの仕事に就いてはじめてのことでしたが、私はこの仕事にハイヤーパワーが宿るということを疑ったことはありません。回復のために来ている子供や親のグループの中に、この愛すべきハイヤーパワーの存在を常に感じていました。その名前が神でも、創造主でも、ブッダでも、何であってもよいのですが、ハイヤーパワーはいつもグループの中にあるのです。

マルコムは自分の絵を見せると泣きだしました。「お父さんに会いたいよ」マルコムは話し始めました。部屋はシーンと静まりかえっていました。「もう一日だけお父さんと過ごせるなら、ぼく何もいらないよ。たった一日でいいんだ」閉じ込められていた言葉が吹き出しました。「ぼくの気持ちなんて誰にもわからないだろうけど」

「わかるよ」ブレンダンが言いました。ブレンダンは立ち上がるとマルコムに歩み寄り、マルコムの肩に手を置きました。「どんな気持ちかわかるよ。ぼくもお父さんに会いたい。依存症なんて大嫌いだ」マルコムは立ち上がって、お互いに抱き合って泣きました。しだいに、みんなが感情を共有し、お互いに支え合い、励まし合いました。イブリンは最後でした。涙が流れ落ち、声は強く、大きくなりました。「私もパパに会いたい」そのときイブリンが言えるのはこれがすべてでしたが、マルコム、ブレンダン、イブリンにとっては意味のある時間でした。そして輪になったみんなの心は深く触れあったのでした。

私はブレントと親しくしていました。ブレントの家族への愛情を尊敬していました。ブレントはすばらしい人で、自分が子供のときに経験してきた人生よりも良い人生を子供たちに送らせたいと願っていました。ブレントは最終的にこの病のために亡くなるまで、再飲酒するたびに立ち直り、この病気と勇敢に闘い続けました。ほとんどの親たちは再飲酒の後は私を避けますが、ブレントは子供たちをまた連れてきて、人生を良くすることに取り組み続けました。私はイブリンにもっと父親のことを知ってほしいと思っています。

母親とブレンダンとのプログラムを終え、イブリンと私の二人になりました。イブリンの父親のブレントが私の友人であったことや、私がブレントのことを大好きだったことを伝えました。イブリンは私の話を途中でさえぎると、こう言いました。「パパは良い人だったの？」私はイブリンの大きな茶色い瞳をのぞきこむと、力強く言いました。「お父さんはすばらしい人だった。君やお母さんやアンジェラ、ブレンダンのことを全身全霊で愛していたよ」イブリンはほほえみました。「依存症はパパを陥れて連れ去ってしまったけど、本当にすばらしい人だった」イブリンは頭を振ると、ほんの少し泣きました。イブリンが聞いてきたのはこれだけでした。もう答えがわかったのです。

君は、とても大切な人なんだ！

依存症が自分のせいではないということを子供たちが本当に理解したとき、大きな荷物が肩から降ろされ、新しく身につけた軽さで心は包み込まれます。同じような試練を経験してきた他の子供たちと一緒に過ごすことでこれは深まっていきます。最終的に、回復のプロセスの中で、共に語り、泣き、サポートする仲間ができます。自分は一人ではないと理解するだけで、自分の心の内側に芽生えた希望がふくらみます。スタッフや仲間に励まされ、この勇敢な子供たちは、新しいやり方で語り、信頼し、感じるようになります。自分たちの問題について話し合い、とても長いこと抱え込んでいたさまざまな感情を出します。決して話すまいと思っていた秘密を話す子供もいます。これらの石をかばんから出すと、子供たちは非常にホッとし安堵します。

いろいろな方法で私たちは子供たちと遊びます。回復のプロセスが進むにしたがって、子供たちの遊びが自然で自由なものになっていくのを見られるというのは、なんてすばらしいことでしょう！　この回復の道のりの中でたくさんの笑いやおふざけを楽しみます。まじめで大人びたグループほど、スタッフはふざけて笑い楽しむ機会を作り出そうとします。私たちスタッフは、遊ぶときとまじめにプログラムに取り組むときを教え、モデルとなります。ほとんどの子供たちはその二つを区別することを学んだことがないからです。朝、子供たちが笑顔で、冗談やおもしろい話を携えてまたやってくると、これがうまくいっているといえます。友だちを作り、楽しみ、安全で子供中心の環境で育つことで、子供たちが子供でいられるのです。子供によっては人生ではじめての経験でしょう。

親や祖父母などの保護者と関わるときに、私はいつも、毎週子供と遊ぶ日を計画するようにすすめています。つながりをもち、楽しむことが目的です。つまり一緒に時間を過ごすということです。

子供はごまかせない

ある土曜日の早朝のことでした。めずらしく週末の休日をとっていた私は、父親の誕生日を祝うために、実家へ向かっていました。飛行機のシートに身を沈めたとき、まだ外は暗闇でした。私は目を閉じて、うとうととしていましたが、ときおり、バッグが椅子にぶつかったり、誰かが頭の上の収納庫をバタンと閉めたりする音で目が覚めました。

突然、私は特徴のある聞き慣れた声を耳にしました。レジーの声に違いありません。レジーと三人のきょうだいは、ベティ・フォード・センターの子供プログラムに二回ほど参加したことがあり、水曜日の夜の継続ケアプログラムの常連でした。この家族は両親のアルコールや薬物の依存症に打ち克つために、一生懸命、取り組んでいました。両親は、何度も再発を繰り返し、危機や失望もありましたが、誰ひとりとしてこの家族はあきらめませんでした。この家族一人ひとりに、私は深く関わりましたが、特にレジーは私の心をつかんでいました。一番年下で、フレンドリーで率直で、愛や喜びで世界を迎え入れているような男の子でした。レジーは冗談を言ったり、ふざけたり、ほとんどの時間を笑って過ごしていましたが、ときに真の戦士として短い言葉で真実を語り、人をひきつけるのでした。

目を開けると、家族全員で大量のキャリーバッグを持ち、通路を苦労しながら通過していくところでした。休日の朝の六時半――早すぎる時間です！

私は直感的に新聞に手を伸ばすと、広げて顔を隠しました。子供たちは仕事から離れたところで私に思いがけず会ったら興奮するでしょう。「ここで何してるの？」と、驚いて言うかもしれません。私はセンターにいて、みんながグループセッションにまたやってくるのを気長に待ち、困ったときにかかってくる電話を受けたり、メールにすばやく返信をしたりしているのだとほとんどの子供たちは思っているのです。このときの私は、まずコーヒーの一杯でも飲まなくてはレジーたちと会話はできないような気持ちでした。

レジーたちは私より二列前に座りました。彼らの冗談やおしゃべりを一時間のフライト中、聞いていられるとはなんとまぁすばらしい贈り物だこと！　飛行機がサンフランシスコに到着したとき、私は仕事から逃げられたと本気で思いましたが、座席の半分しか埋まっていない飛行機が私をかくまってくれるとも思いませんでした。安全に到着したことを知らせるベルが鳴ったとき、レジーは座席の下に置いておいたバックパックを忘れて出口に向かって進みました。荷物を取りに戻ってきたとき、レジーは私に気がついて大声をあげました。「ジェリー！」

レジーはオリンピックの短距離走者のごときスピードと迫力と決意をもって私をめがけて一直線に走ってきました。まわりの乗客はサッと避け、レジーは走り戻ってきて私の腕の中に飛び込みましたが、それはまるでモーゼが紅海を左右二つに分かつかのようなすごさでした。全員がいっせいに、深いため息をつきました。

レジーは前にいるみんなに顔を向け、誇らしそうにこう言いました。「ぼくのセラピストだよ」レジーは私に茶目っ気たっぷりの瞳を向けると、くるりと向きを変えて言いました。「ぼくの家で起こっていることはぼくのせいじゃないって、彼が教えてくれたんだ」ようやくレジーは出口へ進むと、もう一度、すばらしい笑みを私に投げかけました。

依存症の明るい面

子供たちが成長し癒されるとき、彼らのものごとに対する見方は多くの点で変わります。アルコール依存症者（薬物依存症者）が援助を得て、家族全体で治療や回復に取り組むことは、家族一人ひとりにとっても、家族全体としても、非常に有益です。新しい関係性が家族の中で生まれ、楽しみや愛情、やさしさ、思いやり、喜びなどが、新しいやり方でゆっくりと育っていきます。パーフェクトにはほど遠く、困難があちこちにあったとしても、子供たちはプラスの変化にとても感謝しています。子供たちはこの贈り物に感謝して、大切にしているようです。この進行性で、陰湿で、油断のできない病と闘いながら、子供たちは新しくできた友だち、身につけたツール、磨き上げたストレングスを楽しんでいます。自分の回復力を誇りにし、他の人とそれを分かち合いたがります。

私が関わってきた、回復途上にある親をもつ子供たちは、これとは異なります。家族の依存症の問題についてほとんどの子供たちは何も知りません。親が自分の子供にいつどんな風に依存症のことを話したらよいかがわからないからです。こういった子供たちは依存症の本質を聞いて、学んで、理解することで、回復中の親について新しく見つけた自尊心や尊敬、敬服の気持ちをもつようになります。親が一生懸命取り組んで回復したことに感謝しているのです。

子供たちが、愛する人がこの病にまだ捕らえられたままでも、依存症の明るい面を見ようとするというのは、すばらしいことです。親の病気は自分のせいではないということを理解し、自分が親の病をよくすることはできないということを受け入れるようになって、子供たちは楽になります。自分には親の病気をよくすることはできない、ということを日々忘れずに生きることは、難しいものですが、なぜなら目の前で毎日繰り広げられる親の飲酒や薬物使用のシーンを見ながら生活していれば、なんとかしなければ、という思いが浮かぶのも自然なことです。ですから、自分には何ともできない、できなくていいんだということを受け入れられるようになると、子供は親の問題を手放すことができるようになり、心には安心感がもたらされるようになるのです。また、子供たちはいつでも電話できるという新しいサポートシステムに支えられます。そして、しだいに自分自身や家族を理解するようになります。ハイヤーパワーとのつながりを近いものにし、祈ったり、静かな時間をもったり、人を助けたりといったスピリチュアルな実践に取り組みます。自分が一人ではないということを覚えておくことで慰められ、心に沿った希望を抱きます。より良い今日、より輝く明日への希望です。

素直な感謝の気持ち

ジュリーはとてもおとなしくて無表情でした。悲しみが広がってジュリーを包み込み、他の子供たちから隔てていました。この十一歳の少女の心を奪い、ふさぎ込ませている問題が何なのか、私は知りたいと思いました。そして、それが明らかになるのに時間はかかりませんでした。プログラムが始まって約四十五分間、私たちは輪になって座り、参加者一人ひとりにいろいろな質問をします。たとえば、好きな色、嫌いな食べ物、休暇で行ってみたい場所、大人になったら就きたい職業などについてです。雰囲気がふさわしければ、このエクササイズをこんな質問で締めくくります。「家族のために願い事が一つ叶うとしたら、何をお願いする?」子供たちの答えにはありとあらゆるものがあります。心を打つものも、突拍子もないものもあり、しかしどれもとても正直な答えです。ジュリーは「もう少しお金があったらいいのに」と言いました。私はこの彼女の願いの純真さと、苦しげな声に心を打たれました。大邸宅、一千万ドル、高級スポーツカーが欲しいと言う子供はたくさんいますが、わずかなお金だけという子供はいません。

センター内を歩いて、カフェテリアに行ったとき、ジュリーの目は真ん丸になりました。ジュリーは興奮して、カウンセラーの一人にこうたずねました。「欲しいものを好きなだけ食べていいって本当なの?」そうだと言われると、はち切れんばかりの笑顔がこぼれました。彼女がランチや軽食のたびにスタッフに惜しみなく、欠かさず感謝をしていたことを忘れられません。ジュリーはすべてのおいしい食べ物に、日々、厚く感謝をしていました。

お金に関しては、ジュリーは非常に貧しい家庭で育ちました。父親が薬物の使用を続けているときには、父親が許せば祖母と生活することもありました。友だちの家にジュリーと父親とで身を寄せることもありましたが、車の中で生活することもありました。以前父親が薬漬けだったときにも、ジュリーはプログラムに祖母と通っていました。半年の間に奇跡が起こりました。父親は回復を求めて、心から取り組んだのです。よくあることですが、多くの依存症治療のプログラムでは、まず依存症者本人を援助し、その次に家族をサポートします。その逆に、子供たちや家族をはじめに援助すれば、家族はこれ以上、病気をサポートすることをやめるので、より多くの依存症者が援助を求めるようになるかもしれません。

ジュリーが父親と共にプログラムに再びやってきたとき、私はとてもわくわくしました。今回もまた、前回、ジュリーが経験したように、やさしさや思いやりによって回復していく機会となるでしょう。しかし、今回は何かが違っていました。以前には見られなかった目の輝きがあるのです。ジュリーは父親が回復のレールに乗ったことの喜びに浸っていました。お金のことは、今でもこの家族にとって大きな問題ではありましたが、希望の兆しがありました。父親は新しい仕事に就き、アパートもすぐに見つかりました。ジュリーは今回、グループに欠かせない存在となり、まったく新しい方法で、他の子供たちと自発的に遊んだり、関わりをもったりしていました。

ジュリーと父親とのやりとりは、鋭くて力強いものでした。カウンセラーはジュリーに、家族をめちゃくちゃにした依存症のことがどのくらい憎いかと、エクササイズの終わりに聞きました。この十一歳の少女はじっくりと考え、こう言いました。「今はまったく」それからジュリーはまっすぐ父親の目を見ると、こう続けました。「依存症じゃなかったら、私もお父さんもここにはいなかったでしょうね。私たちが出会ったすばらしい友だちを見てちょうだい、お父さん。もし時間をさかのぼってものごとを変えられるとしても、私はそうしないわ」ジュリーの目はしだいにうるみ、こう締めくくりました。「どこの誰よりも最高のお父さんだから、変えたりしないわ」

二人の関係について言うと、ジュリーと父親は健康的に成長し、たくさんの豊かさを手に入れました。ジュリーはまだ十一歳ですが、心からこのことを喜んでいます。

……………困難に立ち向かう……………

困難は日々の生活の一部です。困難はさまざまな大きさや形でやってきます。子供たちは、依存症の問題から離れられません。ほとんどの子供が、愛する人が飲酒や薬を使うのをやめてくれるだろうかと思っています。愛する人はいつか援助を受けるのだろうか？　家族は引き裂かれてしまうのだろうか？　愛する人が回復の途上にある子供たちにとっての困難は、違うところも、似ているところもあります。Ｔ＆Ｒに参加するのをやめてしまうのではないか？　再使用してしまうのではないか？　家族が引き裂かれてしまうのではないか？　こういった考えは、人生でずっと付きまといます。友だちを作ったり、人とうまく合わせたり、学校でちゃんとやったり、自分がありのままでいる、ということの困難もそこに加わります。

安全な人、人生でサポートや導きを与えてくれる頼れる大人について、私は子供たちに何年間も伝え続けてきました。回復力についての研究では、その人の人生で思いやりのある養育的な大人の存在が、健康的でバランスのとれたやり方で困難や逆境に打ち克つための鍵となる要因であるということを示しています。多くの子供たちにとって、グループのファシリテーターとはぐくむ関係性が、この最初の体験になります。子供たちはこのような関係性を喜び、楽しみます。そして、多くの子供がとても感情的に飢えていて、満足することができません。私は子供たちに会った瞬間から、子供たちの人生にいる安全な人、たとえば、回復した親や親類、先生、カウンセラー、コーチ、近隣の人、牧師などとの橋渡しを着実にしています。これは継続的にケアを受けている子供たちに対しては時間があるので容易ですが、四～五日間のプログラムでは難しくなります。

子供たちが望んでいるうちは、すべてのスタッフがそうであるように、私も安全な人でいます。私は子供たちのためにここにいることを約束し、そうしています。子供たちは二十四時間、無料でかけられる電話番号と、Eメールアドレス、手紙を出せる住所を渡されます。私はすべての電話に応え、Eメールに返信し、受け取った手紙には返事を出します。子供たちが私におもしろい絵を送ってきたら、私ももっとおもしろいものを送り返します。子供たちは状況が厳しいときに連絡してきますが、重要な出来事や良いことが起こったときにも連絡してきます。

私はたくさんのゲームや誕生日パーティ、子供の家族の信ずる宗教上の儀式、卒業式、結婚式、赤ちゃん誕生のお祝いなどに招かれてきました。たいてい月に一度は、数年前に関わっていた大人が電話をかけてきて、「ありがとう」と言われることがあります。これにはいつもワクワクします。子供たちの人生に安全な大人がいれば、日々の困難に立ち向かえるのです。

すばらしい別れ

バディは気が重くなるようなことをたくさん抱えていました。父親はバディが二歳の頃から刑務所に入っていていませんでした。母親はいたりいなかったりで、メタンフェタミンやアルコールの誘惑が、母親をどこかへ追いやってしまうのでした。この十一歳の少年には、本当の母親のようにやさしく思いやりがあって、愛情深い伯母が常におり、それはとても幸いなことでした。この九年間、伯母はこの大切な男の子をやさしく導き、しつけをし、守ってきました。そして、バディが子供プログラムに参加し、成長し、遊び、学び、回復するチャンスを得られるようにしてきました。

バディはプログラム全体を通して、とても物静かでした。バディはほとんどすべてに参加し、いつでも集中していましたが、目立たないようにしていました。バディに質問すると、話し合いに深みと意義を与えてくれるような思慮深い回答をするのでした。バディは自分から会話を始めることはしなかったので、私は活動に入り込んでいるか、傍観しているのかを確認しなければなりませんでした。

こうやってバディは五日間を過ごしました。私は常にバディのことを忘れないようにして、それぞれのプログラムで意図的に招き入れるようにしました。バディは毎日、笑顔を浮かべてやってきて、冒険の準備はできているようでした。バディは何ごともよくやっていましたが、注意を自分自身に向けることはありませんでした。これはバディだけではありません。

卒業で別れを言うときに、バディが涙をぬぐうのを見ました。バディはスタッフ全員と抱き合い、仲間一人ひとりのところへ行って「ありがとう」と言っていました。これを見て、バディは何を思ってありがとうと言ったのだろうかと考えずにはいられませんでした。一緒に遊んでくれたことへの感謝、友だちでいてくれたことへの感謝、自分は一人ではないということを教えてくれたことへの感謝――おそらくすべてでしょう。私がバディから再び連絡をもらったのは、一年二か月後でした。私はバディがプログラムでどれほどのことを学び、それをどれだけ心にとめていたかを、それまでわかっていませんでした。

私は全国依存症予防会議で講演をしに出かけるところでした。長くて退屈なフライトから降りると、携帯電話にメッセージが入っていて、それはバディからの緊急電話でした。緊急時に電話するときには多くの子供はうろたえて緊張していますが、バディの声はそういう風には聞こえませんでした。バディの声が聞けてうれしかったのですが、何が起こっているのだろうかと私は思いました。空港と、ホテルに着いたときに電話をしました。バディから折り返し電話がかかってきて話したのは、ホテルに着いて十分も経っていないときでした。私の声を聞くと、バディは感情がこみあげたようでした。言葉が次々にあふれ、早口で話しました。バディはこう繰り返しました。「ジェリーはぼくのことを誇りに思うようになるよ」私はいったん黙って深呼吸してからゆっくり話すように言いました。バディは母親の具合が悪いのだと言いました。母親は肝臓が働かなくなり、集中治療室にいました。伯母がバディにこのことを告げると、バディは母親のところへ行きたいと言いましたが、伯母のテディは反対したのだそうです。

しかしバディは、引き下がりませんでした。もう一度、涙を浮かべて伯母にお願いしました。「ママに会わなくちゃいけないんだ」バディは訴えました。「ママの病気はもって帰ってこないって約束するから」この短いけれど力強い言葉で、伯母のテディは考え直しました。テディはバディがＩＣＵや、母親がしだいに衰えていく様子にショックを受けるのではないかと思って会わせまいとしたのでした。バディが愛する人と病気を分ける、感情をオープンに正直に話すという、子供プログラムのエッセンスをちゃんと身につけていることがわかって、私は涙が出てきました。ついにテディも折れました。

バディは眠っている母親の隣に立ったことを話してくれました。管やモニターがたくさんあって、あちこちに看護師がいました。バディは母親のおでこにキスをして、やさしく語りかけました。「愛してるよ、ママ。いつでも愛してる。ママはすばらしい人だったよ。忘れない」こう語りかけていると、母親の顔に笑みが浮かんだのだとバディは言いました。バディは悲しいけれど母親に会えてよかったと話しました。

最後に、バディは私が彼のことを誇りに思うかと聞きました。「もちろんだよ」と私が答えると、電話の向こう側でバディが満面の笑みを浮かべているのが見えるようでした。バディ、ありがとう。私は誇りと喜び、感謝でいっぱいだよ。君が思ってるよりももっとね。

自分がここにいる意味

子供プログラムでは、何年間にもわたり、時の試練に耐えた友情がたくさん結ばれてきました。一人ではないということを本当に理解した子供の力は本当にすばらしいものです。グループセッションを通して、自分と同じような経験をした他の子供たちと出会って、本人と家族に影響を及ぼした依存症の病理を本当に理解するようになります。沈黙や秘密、スティグマ（烙印）、恥を乗り越えて、子供たちは新しい〝きょうだい〟と結びつくのです。互いに助け合うことについては胸を張れます。これはセッション中でも、その他のときでも同じことです。私は数え切れないほどの数の子供たちの親の葬式に出てきました。依存症のまま亡くなる人もいます。病気で愛する人を失った子供をなぐさめ、支える子供がたくさんあらわれます。シンプルだけれど率直な言葉をかけ、肩にやさしく触れ、心をこめたハグをされることは、悲しみにくれている子供たちにとって、とても重要なことです。私はその力を何度も見てきました。

援助という贈り物のすばらしさを知ると、ほとんどの子供たちはお返しをしたがります。自分の話を誰かに伝えようと子供たちが決めるとき、その勇気と強さに私は圧倒されます。声を上げるのは家族が回復途上にある子供たちだけではありません。依存症の真っただ中にいる家族と生活している子供たちも声をあげるし、愛する人を失くした子供たちもそうです。子供たちは学校や地域で自分の言葉を語ります。私はいつも、このような大きな一歩を踏み出す前に、じっくり考え、家族ともしっかり話し合うようにすすめています。前に踏み出す者は沈黙を破り、強くパワフルな自分の声を取り戻します。私が子供たちに決まってたずねるのは「なぜそうするのか」ということです。これには典型的な答えがあって、「自分が他の子を助けることができたらすばらしいことだから」というのです。たしかに、お返しをするというのはすばらしいことです。

変化の時間

マイキーは満面の笑みを浮かべてやってきました。マイキーは自分が今、安全で恵まれた場所にきているということを、はじめからちゃんとわかっていました。この八歳の少年は、おもしろく正直で、人にはとても親切でした。話が上手で、おもしろおかしい話をして、大人も子供も魅了していました。このすばらしい才能の下には、たくさんの痛みや悲しみが隠れていて、ときどきひどい胃痛となってあらわれるのでした。プログラムが進むにつれて、しだいにこの感情の「よどみ」に気がつくようになりました。

マイキーが苦しんでいる一番の問題は、両親の離婚でした。父親の薬物依存にも悩まされましたが、マイキーをもっとも傷つけたのは、両親と一緒に暮らせないことでした。マイキーはプログラムをすべてスポンジのように吸収しました。大好きな父親と依存症の切り離し方を知って、マイキーはとてもホッとしたのでした。マイキーの作品や話、言葉を介してのコミュニケーションの中で、彼は何度も何度もこう言いました。「パパは病気になったけど、ぼくはパパのことが大好きさ。パパもぼくのことを愛しているんだ」こう話しているとき、マイキーの目からは涙があふれるのでした。最後の二日間は母親も参加し、二人は正直になって多くの癒しを得ることができました。二人の距離は近くなり、セルフケアのプランをたて、その過程で本当の意味での希望を見つけました。

プログラムの数週間後、マイキーと母親からこんな手紙が送られてきました。

みなさんにもこの話を知っていただきたくてお手紙を書きました。ある夜のこと、車で自宅に向かっていたとき、マイキーが私にこう言いました。「ママ、ぼくを依存症から守ってくれてありがとう」私はマイキーに、それはママの役目だし、いつでもあなたを守るためなら最善をつくすつもりだわ、と答えました。その晩、もう寝る準備ができてから、車の中で言ったことを覚えているかと、私はマイキーに聞きました。そして、プログラムで少しでも学ぶことがあったかどうかたずねました。するとマイキーは目を見開いてこう言いました。「ママ、少しじゃないよ、たくさん学んだよ！」

みなさんのご親切、熱意に心からお礼申し上げます。子供プログラムに参加するすべての子供たちがあなた方を本当に必要とし、そこにいることで助けを得ているのです。マイキーはたくさんのことを学び、初日から本当に明るくなったように見えました。ものごとがうまくマイキーにあったようでした。マイキーは先生やスクールカウンセラーに週末の出来事を話すのが待ちきれないようでした。先生方はマイキーの話をおもしろがって聞いてくださいました。マイキーは父親と少しだけ話しました。マイキーの心配は父親が「薬をやること」ですが、父親はもう長いこと何も使っていないと答えました。

みなさんに感謝しています。はじめてお会いしたときから親切にしていただきました。すべてのことに感謝しています。そして私たちの生活を本当に変えてくださったことに改めてお礼申し上げます。プログラムは私たちにとって大きな贈り物でした。あなた方は天の恵みです。

このような手紙をいただくことは、スタッフにとってなんとすばらしい贈り物なのでしょうか。私たちみんなで味わい、楽しむことにしています。

先週、マイキーと母親が前触れなくプログラムオフィスにやってきました。スタッフがあちこちから駆け寄りました。子供が久しぶりにやってきたときのいつもの光景です。マイキーの天使のような顔にはすばらしい笑みが浮かんでいました。母親が口火を切って話し始めました。「マイキーがプレゼントしたいものがあるのです」マイキーは大きなバターの箱を抱えるのに必死で、笑いだしました。

「プログラムを受けてから、マイキーは他の子もここに来られるように、小銭を節約して集めていました」と母親が続けました。マイキーは重たい箱をカウンセラーに得意気に渡しました。「たくさん助けてくれてありがとう。これで他の人にもチャンスがあげられると思うんだ。誰かがもう傷つく必要がなくなるためなら何でもするよ。誰か貧しい人をここに来られるように助けてあげて」子供プログラムでこんな豊かな気持ちになったことはありませんでした。収穫を目の当たりにしたのです！

手渡す

アニーには、それはたくさんのストレングスがあります。この十一歳の少女には広い心と深い情熱と、年齢以上の他人への本当の愛情があります。アニーの父親は今も依存症を抱えていて、ときにアニーを深く傷つけますが、子供プログラムは健康的でバランスのとれた方法で、この困難に立ち向かえるように支援しています。一緒にいる時間では、スタッフみんながアニーの〝鏡〟の役割をこなしました。これは子供たちそれぞれに行うのですが、アニーのもったストレングスやギフト、特別な資質を映し出します。アニーは重要な知識を学び、援助を受けながら新しいスキルを身につけます。アニーには良いときも大変なときも、思いやりのある母親とすばらしいきょうだいの愛情とサポートがあるということをしっかり理解しました。

子供プログラムで私たちが蒔いた種の中にはすぐに芽を出すものもあります。しばらく経ってから根付くものもあれば、流されてしまうものもあります。私たちはたくさんの種を蒔き続ける農夫です。ゆっくりと少しずつ、私の目の前で花開こうとしています。アニーと家族に別れを告げるのはとても残念なことでした。アニーたちは私の心に残りました。アニーの精神やアニーの思いやりのある世界観に、私は心を奪われていました。回復への希望に依存症が大きな影を投げかけるとき、アニーはEメールで連絡をくれました。子供たちが助けを求めてきたときにはいつでも、スタッフは求めに応じることを約束しています。私はアニーに伝えた最後の言葉を忘れることはないでしょう。「ぼくは君のことを本当に誇りに思っている。さようなら、またね」広い心は傷ついたり壊れたりしやすいものです。そういうことがアニーには何度も起こるのでした。アニーは少ない言葉でそのことを伝えてくれました。「パパがまたやってるの。どうしたらいいの？　私、つらくて怖い」私は連絡をとり、プログラムで伝えている主なメッセージを繰り返し伝え続けました。あなたのせいじゃない、一人じゃない、安全な人に助けを求めなさい、依存症は病気です、自分のケアをしなさい……と。私は毎日、これまでに関わることのできた子供や家族のために祈っています。いままでも、そしてこれからも、彼らが連絡をしてきたら、私は話を聞き、承認し、励まし、教え、エンパワメントするでしょう。

数か月前、アニーは私にEメールを送ってきて、学校のレポートのために私にインタビューしたいと言ってきました。私は喜んで返事をしましたが、アニーの宿題の意味を本当には理解していませんでした。アニーは社会科のクラスで、身近なヒーローについての作文を書いていました。私はアニーが題材に私を選んでくれたことを非常に光栄に思いましたが、それ以上に、アニーがクラスメイトに自分の家族の問題を公開しようとしていることに心を動かされました。依存症は沈黙、秘密、恥、スティグマが特徴ですが、この勇気ある十一歳の少女は沈黙を破り、真実を語ろうとしていました。アニーは困っている人に自分が学んだことすべてを伝えたいと思っていました。

以下は、アニーが書いた作文です。

ジェリー・モーについて

ジェリー・モーは一九五五年六月三十日にサンフランシスコで生まれました。ジェリー・モーはカリフォルニアにあるベティ・フォード・センターの子供プログラムのディィレクターです。ベティ・フォード・センターは依存症の人たちが援助を受ける場所です。私はベティ・フォード・センターの子供プログラムでジェリーに会いました。ジェリーは私に依存症についてたくさんのことを教えてくれました。依存症について勉強することはとても大切なことなので、すべての年齢の子供たちが、依存症の人の体の中で起こっていることを学びます。ジェリーは薬物をやらないということや、依存症が他の家族に与える影響についても、子供たちに教えてくれます。

ジェリーは、依存症は脳の病気の一種だと、私に教えてくれました。依存症は人間の体を乗っ取り、そのため人間は依存症に支配されます。ジェリーがT＆Rと呼んでいる治療を受けて回復することで、依存症から逃れることができます。依存症者本人以外、誰も問題を解決することはできません。依存症の人はしらふになるためには援助を受けなければなりません。依存症の人の家族は依存症の人ではなく、自分自身をケアしなければなりません。ジェリーは、親の依存症は子供のせいではないこと、親の問題を解決するのは子供の仕事ではないことを教えてくれました。

私はジェリーに感情を打ち明けることができたし、ジェリーは私を援助するためなら全力で何でもしてくれるとわかって、ジェリーは私のヒーローになりました。ジェリーは人生で本当につらい時期を過ごしている人だって、とても上手に笑わせてしまいます。世界中が、ジェリーのように理解と思いやりがあればいいのにと思います。プログラムの後では、ジェリーにたくさんのことを教わり、私は実際に依存症が家族にもたらす出来事を切り抜けてきたので、薬物やアルコールをすすめられたときに断りやすくなると思います。

その後すぐに、アニーはスピーキングクラスでスピーチをする準備をしなければなりませんでした。スピーチのテーマは「心から願うこと」でした。アニーは依存症について真実を打ち明けたいと思っていました。今回は学校のみんなの前でです！　このことについて、家族で長い、長い、話し合いが行われました。アニーがスピーチをすればきょうだいも影響を受けます。みんなで話し合って感情を分かち合いました。それぞれが自分の本当の気持ちを語り、お互いをサポートすることになりました。アニーははっきりと強い確信をもって、前進していました。「私が助けられたように誰かを助けることができたら、それはすばらしいこと」だから。

依存症

私は子供や大人に依存症のことを伝えたいと強く願っています。「知識は白血球のようなもの」、白血球は病気と戦って病気を撃退します。依存症が体や家族に何をするのかを知ることは、薬物やアルコールをやらないと決める手助けになるという意味で、白血球であるといえます。私が依存症について学んできたことを分かち合いたいと思っています。そして、みなさんがこれを心にとめてくれることを願っています。

依存症は脳の病気の一種です。アレルギーと同じように説明することができます。私はイチゴを食べても大丈夫ですが、妹はイチゴを食べるとアレルギー反応が出ます。私の母のようにアルコールを飲んでも依存症にはならない人もいますが、父のように依存症になる人もいます。脳の病気なので、父はこれを避けられません。そこで、病気と戦い、病気を撃退するには知識が必要になります。

依存症を治すことは、たやすいことではありません。治療を受けて回復をする必要があります。治療は、施設で少なくとも三十日間のプログラムを行います。回復とはプログラムに取り組んでしらふでいることです。ミーティングへ行ったりします。依存症をやめることができるのは依存症者だけです。何よりもまず、依存症者が治したいと思う必要があります。

あなたの知っている人が、もし薬物やアルコールに依存していたら、きっとみなさんも説明できないような感情を抱いていることでしょう。傷つき、恐れ、不安、怒り、苛立ち、悲しみなど、さまざまな感情を抱くことでしょう。こんな風に感じるのは自分だけだと思わないでください。そうではないのですから。こういう感情を毎日のように抱いている子供や大人はたくさんいます。こう感じることは、一〇〇%ノーマルです。私もこのような感情すべてを毎日、抱いていますが、この先の人生もこんな風に感じるのでしょうし、それでいいと思っています。私は自分の感じ方を受け入れて、人生を共に歩まなければなりません。私は人生が素通りしていくのを座って眺めているつもりはありません。私は自分の人生をしっかりと生きるつもりです。

依存症者の家族は、依存症者ではなく、自分自身の面倒を見なければなりません。依存症の親をもつ子供たちに言いたいのは、「依存症はあなたのせいじゃないし、依存症者を回復させるのはあなたの仕事じゃない！」ということです。あなたのせいに見えるかもしれないけれどそうではないし、間違いなく、回復はあなたの仕事ではありません。あなたは自分の人生の主導権を握って、薬物やアルコールを使うという選択はしません。薬物を使うということが自分自身や、あなたを本当に愛している人に対して正しいことではないからです。

プログラムの中では、「平安の祈り」を学びます。それはこういうものです。

神様、私にお与えください
変えられないものを受け入れる落ち着きと
変えられるものは変えていく勇気を
そしてその二つのものを見分ける賢さを

子供や大人に依存症のことについて伝えることが、私が強く願っていることであり、自分に満足しているし、そうでなければならないと思っています。

アニー、君のほうこそ私のヒーローだよ。昨日も今日もずっと。

終わりに

ある順調にいった子供プログラムが終わる頃のことでした。小さなグループで、子供と大人が、自分の家族と「あなたの好きなところ」カードを交換して話し合っていました。私たちは良いことすべてについて、特に愛する人に愛されている特別な資質について話さなければ、プログラムを終わりたくないと思っています。これはいつも感動的な体験となります。

この体験の最後に、カウンセラーは、卒業する前にこの小グループで話しておきたいことはないかたずねました。七歳のレッティはすばやく手をあげました。彼女はみんなの中でもっともおとなしい子だったので、とても驚きました。この勇気ある子供は、これまでの人生で多くの困難に耐えてきましたが、プログラムの中で非常に大きな進歩をとげました。子供保護サービス（Childrens Protective Services：ＣＰＳ）からの紹介でしたが、レッティはひどく虐待されてきており、社会性も身についていませんでした。レッティはここで花開いており、しっかりした継続的なケア計画をたてれば、今後も自分のストレングスや回復力を見つけていくことが期待できます。レッティはシンディをまっすぐ見てこう言いました。「シンディがここにいてくれてうれしいわ。私の友だちになってくれてありがとう」シンディも子供保護サービスの紹介でここに来たのですがが、他の子供たちより大変な思いをしてきていました。シンディはすぐにこう答えました。「私もあなたのおかげで、ここでうまく過ごせたわ」二人は自然に椅子から立ち上がると、真ん中まで歩み寄って抱き合いました。なんてすばらしいんでしょう！

みんなが平静にもどる前に、タッサが次に手をあげました。この十歳の少女も大人しく、四日間のプログラムの間ずっと控えめでした。信じられないくらい誰にでもやさしく、依存症ゲームのときだけしか感情を表しませんでした。タッサは母親を依存症で亡くしたことへの深い悲しみに触れ、グループセッションの後でも、長い間、ただ泣いていました。その後タッサは解放されて明るくなりましたが、すぐにまた大人しくなり、もとの控えめな様子に戻りました。いったい次に何が起こるのでしょう。タッサは立ち上がると、輪の真ん中へまっすぐ進みました。タッサはゆっくりとみんなのほうを向いてまわると、一人ひとりに、数秒間立ち止まって、感謝して、親しみを込めてうなずきました。このタッサ独特のやり方で全員が選び出されると、タッサは誇らしげにこう言いました。「ここでみんなが私を助けてくれなければ、私は決してやりとげられなかったわ」みんなは泣きました。

子供たちがプログラムからどれだけのものを得られるのか、いつも正確にはわかりません。この日はこの三人の子供たちが受け取ったものをはっきりと知る機会に恵まれました。子供たちの回復のプロセスの一部になったことに畏れ、驚きを禁じえません。

ゲーム・エクササイズ

依存症のエクササイズ

1. 自転車
2. 依存症ゲーム
3. 依存症への手紙
4. 風船ガムにくっついた家族
5. 治療と回復（T&R）

自転車

〔四歳から〕

このエクササイズは、子供たちの想像力をかきたてるだけでなく、依存症の本質に迫る、実地体験となります。子供たちは飲酒や薬物の使用のコントロールを失った依存症という病を自転車にたとえて実感します。楽しみながらこの病気を理解することができます。

【やり方】

「さぁみんな、八人乗り自転車に乗ろう！」（八人の子供がいて八つの椅子があるとします。）

八人はアルコール依存症や薬物依存症の家族で、正面で運転しているのが依存症者です。それぞれの椅子をつないでいる棒を思い浮かべます。この病気は融通が利かず、家族を巻き込む病であるということを際立たせるためです。子供たちは椅子に座り、腕を自転車のペダルに見立てて回転させます。

ストーリーを語ることで（後の「自転車に乗るナレーション」参照）、ファシリテーターは〝子供たちに自転車を運転させ〟ます。はじめは平和で喜びにあふれた旅も、急な下り坂になり、しだいに暴風雨に変わります。ふいにブレーキがきかないことに気がつきました！　ぶつかった！

ぶつかった後に、子供たちに次の質問をします。

1. 自転車に乗っている間、どんな気分でしたか？（「怖かった」「コントロールできないと思った」などの答えが出ます。危機的なドラマチックな状況にひかれて「おもしろかった」と言う子供もいます。）
2. これがアルコール依存症者のいる家で暮らすことと似ているところはどこでしょうか？
3. どうやって病気が進行していくのかわかりましたか？
4. それはあなたのせいでしょうか？「いいえ、それはあなたのせいではありません」
5. どこへ援助を求めることができますか？
6. アルコール依存症者がまた自転車に乗ろうとしたら、あなたも乗らなくてはならないのでしょうか？　（みんな声をそろえて「ノー」と答えます。）

【例】

右記の質問を見てください。九歳のダニエルがこれを上手にまとめてくれました。「自転車に乗るのははじめは楽しかったけど、最後には怖くなった。アルコール依存症の人は、飲むことになるとブレーキがないんだ。ブレーキがないのに、ブレーキがあると思うと再発が起こるんだと思う」

【アファメーション】

「あなたは援助を得ることができる」
「あなたは安全でいるために役に立つ選択をすることができる」
「あなたのせいではない。あなたはもう一人でいる必要はない」

【ポイント】

▪このエクササイズでは、感情を語ることで、子供たちが病気のことを現実的に考えられるようにもなります。

▪このゲームを通して、病気は自分のせいではないと知り、自分のケアをする方法をブレーンストーミングすることができます。

【用意するもの】
▪自転車に乗るナレーション
▪椅子

◉自転車に乗るナレーション

「さぁ、みんないいかな」

「郊外にサイクリングへ行くよ。今日はすばらしいお天気だ。お日さまが輝いていて、鳥のさえずりも聞こえる。風もなく、そよ風が当たるくらいだ。ゆっくりとこいで、規則正しく呼吸をし、風景を楽しんで、一緒に笑っているよ。犬がしっぽを振りながら横切るよ、ゆっくりブレーキを踏もう」

「スピードを出していると、黒い雲が地平線にあらわれ始めた。風が激しくなって、平坦な道路は泥んこ道になった。少し強くペダルを踏んで、ハンドルも強く握ろう。雲がしだいに厚くなって、小雨が降りだし、泥んこ道は滑りやすく、でこぼこになってきた。走っていても、ブレーキを押し続けている。前屈みになって、ハンドルをしっかり握って、強くペダルを踏まなければならない。雨がさらに強く降ってきて、自転車はひっくり返りそうだ」

「へとへとになって丘の上に着いたけど、雨が強く降っているので移動しないといけない。もっと早くペダルをこいで、丘の反対側を下るよ。雨が顔に強く当たる。自転車は道路をふらふらと滑っている。雷の大きな音が聞こえてきた。稲妻が近くの木に落ちた。もっともっと、早くペダルをこいで、強くハンドルを握ろう。飛んだり滑ったりするので、ブレーキをかけよう。ところがブレーキがかからない……ブレーキがきかないんだ。コントロールできなくなってしまった！　ペダルはどんどん回転が速くなっている。道はひどく急で、でこぼこになり、自転車はどんどん早くなっていく。ブレーキをかけ（やっぱりかからない）、大切な命を守るためにやってみるけど……ぶつかった！　自転車は倒れてしまった」

◉自転車についての質問

1. どんな感じがしましたか？
2. アルコール依存症（薬物依存症）についてこんな風に感じることはありましたか？
3. 自分の家で経験したことでこんな風に感じることはありましたか？
4. 誰もが動揺していましたか？
5. 落ち着いてから、あなたがまず助けなければならない人は誰ですか？
6. もし、アルコール依存症者が自転車に戻って、丘を下るのを続けたいと言ったら、あなたはどうしますか？
7. これは誰のせいで起こったことでしょう？
8. あなたはどこで援助を受けることができますか？

「さて、あなたの家族の自転車はすっかり壊れてしまったので、めいめいに新しい自転車をあげましょう」

依存症ゲーム

〔六歳から〕

視覚と運動感覚の両方を使い、依存症ゲームをやることで、子供たちは、愛して気にかけている人と、その人に襲いかかって消耗させる病とを区別できるようになります。これは特にパワフルなエクササイズで、依存症は子供のせいではないということと、病気をよくするということについては子供たちは無力であるということを教えてくれます。

【やり方】

グループのファシリテーターは、依存症者の役を子供に頼みます。ファシリテーターは依存症という病そのものをロールプレイします。アルコールやその他の薬物から始まって、病気はどんな約束でもします。ほんの少し飲んだり使ったりしてみてくれれば「私があなたの問題をすべて解決してあげよう。不愉快な気持ちも全部、取り除いてあげる。あなたをもっと有名でおもしろく、強く、かっこよく、楽しくしてあげよう」依存症者はしだいに屈して、薬物を使い始めます。はじめは、病気は依存症者の良い友だちになったように見えます。

しばらくすると、病気は依存症者に忍び寄り、その腕ですばやくとらえます。格闘したり、懇願したりを繰り返しても、その人は囚われの身になってしまい、病気は離してはくれません。今や病気がその人の人生すべてをコントロールしていることについて、みんなで話し合いを続けます。グループセッションでは、最初の約束が守られているか、いかに陥れられているか、問題や不愉快な気持ちはなくなるどころか増していくことなどについて話されます。依存症者役の子供はすっかり行き詰って、どのように感じたか話します。典型的な反応としては、恐怖や絶望といったものから、怒りや無力感といったものまでさまざまです。

ここでのオプションとしては、もう一人、別の子供に依存症に〝捕らえられている家族〟を自由にしようとする役をしてもらうことができます。子供たちは体を使って格闘したり、許しを請うたり、訴えたり、言葉で脅しをかけたり、依存症者を病気から引き離すために、ありとあらゆることをしますが、成功しません。このプログラムを通して、子供たちは、依存症が自分のせいではないということと、自分がよくすることはできないということを理解します。子供たちははじめて、愛する人と、忌み嫌うべき病気とを区別することができるのです。

【例】

エミリーは母親が最近、再飲酒したことに、激しい怒りと悲しみを抱いていました。依存症ゲームをすることで、エミリーは母親がどれだけ無力で、病気が母親の人生を支配しているかをすぐに体験的に理解することができました。「ママがどれだけ病んでいるかが本当によくわかったわ。ママは自分でコントロールできないのよ」エミリーの顔を涙が流れ落ち、口ごもって言いました。「私はママのことを愛しているけど、また病気になってしまったことに腹を立てているの。でも本当はこの病気が憎いんだわ。病気がママを連れ去ってしまう。私は本当に病気が憎い」このゲームをすることで、エミリーは母親と母親の依存症とを区別することができました。

【アファメーション】

「病気は私のせいじゃない。私には病気をよくすることはできない」

「私は一人じゃない。たくさんの子供たちが日々、この問題に対処している」
「私の感情はどれもＯＫだ」

【ポイント】

- 子供たち全員が、依存症であることがどんな感じかを運動感覚的に体験する機会が得られるまで、順に依存症者の役になってもらってこのゲームを繰り返しましょう。
- 子供たちがはまる物質使用やプロセス――タバコ、食べ物、ギャンブル、仕事、人間関係など――を同じように体験することができます。

依存症への手紙

〔七歳から〕

依存症ゲームに続けて行うとよいのがこのエクササイズで、家族の問題のほとんどの原因となっているこの病気に対しての、潜在的な感情を子供たちが表現できるようになります。手紙を書くことで、家族の依存症に対して自分は無力であるということを子供たちが理解するようになります。子供たちが自分のケアをして回復に踏み出す方法もわかるようになります。

【やり方】

依存症ゲーム（子供たちが愛する人と、その人を消耗させる病気とを区別できるようになるゲーム）で子供たちがよく理解したら、続いて、このプログラムはファシリテーターが「依存症へ」と書かれた用紙をメンバーに配るところから始まります。ファシリテーターは子供たちに、依存症へ手紙を書くように言います。そして、グループの参加者以外には決してこの手紙は見られることはないということを伝えて安心してもらいます。子供たちがそれぞれ自分の場所を見つけて書き始めたら、ファシリテーターは部屋を歩き回り、この課題を完成させられるように激励しサポートをしながら進めます。

子供たちは怒りや傷つき、悲しみ、恐れ、罪悪感、恥といった気持ちを表現することがほとんどです。愛する人と家族を破滅させた問題について語ります。グループのファシリテーターは子供たちに、希望すればグループのみんなとその手紙を分かち合えると伝えます。一日かけて手紙と、手紙を書くことで生まれた感情について話し合ったら、その手紙を象徴的に燃やすか埋めるかして、感情を手放すことができます。

【例】

ディランは恥ずかしがりで引っ込み思案な少年ですが、並外れた力でこの手紙に取りかかりました。ディランは自分に降りかかった恐怖を語りました。「この悪夢はぼくが大人になっても続くんじゃないかと思って怖いんだ」ディランはずっとしまい込んでいた涙を流しました。ディランはグループからたくさんの愛情とサポートを得て、この閉じ込めていた感情を手放したのです。

【アファメーション】

「私の感情はすべてＯＫだ」

「私は感情を正直に表現できる。それが怒りや恐れであっても」

「この病気は私のせいじゃない」

「両親は私のことを本当に愛してくれていたけど、病気でその愛情を示すことができなかったのかもしれない」

【ポイント】

- 子供たちが手紙を書けるように、書き方やスペルなどのサポートをしましょう。
- たとえ子供がグループのみんなの前で手紙を読まないと決めても、書くことで表面化した感情について話し合うことで、家族の問題や感情をもっているのは自分一人ではないと知り、安心します。

- 自分の感情を分かち合い、手紙を燃やしたり埋めたりすることでその感情を手放すことができることを子供がわかるように援助しましょう。自分やまわりの人を傷つけることなく怒りを伝えることができることを理解するのにも役立ちます。

【用意するもの】

- 「依存症へ」と書かれた用紙
- 鉛筆

風船ガムにくっついた家族

（六歳から）

これは簡単ですがパワフルなゲームで、依存症に苦しむ家族に何が起こっているかを理解する手助けとなります。依存症の親をもつ子供との関わり方という地域教育の場でも、デモとして使うことがあります。このゲームは、すべての年齢層の子供たちが楽しみながら学ぶことができます。

【やり方】

ほとんどの人が風船ガムをかんだことがあると思います。数回かんで口から出したら、ガムがどれだけ粘りつくかを思い出してください。靴の底にガムの大きな塊がくっついてしまったことはありますか？

このゲームでは、床の円の中に少しかんで口から出した風船ガムが九九九七個落ちているところをみんなに想像してもらいます。子供たちに依存症の親、もう一方の親、子供のロールプレイを行ってもらいます。ファシリテーターはナレーションを行い、家族みんなが依存症(という風船ガム)にくっついてしまったというシナリオを作ります。

はじめに、依存症の親がアルコールやその他の薬物を使ってはまっていきます。配偶者や子供たちは依存症の親を助けようとしてはまっていきます。風船ガムに一度くっついてしまうと、誰も動くことはできません。考えたり行動したりすることを自由に選べなくなります。自分のケアをしっかりすることでだけ、家族は巻き込まれずにいられます。自分自身のケアをして、病気の進行の手当をするためのさまざまな戦略が必要です。

【例】

このゲームをやることで、十二歳のブライアンは、自分が母親の面倒を始終、見ていることが、母親の回復をどれだけ妨げていたかということに気づきました。ブライアンとその他三名で、父親ときょうだいの役を演じました。母親は真ん中ではまりこみ、他の家族は母親を助けようとしてはまりました。ブライアンたちに母親にもっと近づいて囲むように言いました。母親役には風船ガムから出るように言いました。ブライアンはこう言いました。「ママが出たくても、みんながママを助けようとしているから動けないんだよ。ぼくが自分のケアをするなら、ママのためにも同じことをするだけのスペースをあげなきゃいけないってことさ。今はそれがわかるけど、ママのことを手放すのは難しいよ。ぼくから始めないとね」

【アファメーション】

「自分の感情を信じれば、最善のことが何かわかるようになる」

【ポイント】

- 子供たちが、さまざまな家族の立場の役でロールプレイをするようにしましょう。誰でも同じようにはまりこむことを理解できるようになります。
- 感情を処理し、このエクササイズが子供自身の家族との体験にどれだけ似ているかを話し合いましょう。

【用意するもの】

・風船ガムにくっついた家族のナレーション

◉風船ガムにくっついた家族のナレーション

さあ、これから風船ガムにくっついた家族というエクササイズをするよ。みんな、ガムをかんだことってあるね。ここにいるみんなが一つひとつ違ったガムなんだ。いろんなガムがあるね。みんな、今まで風船ガムを三十秒くらいかんでから口から出したことってあるね。どんな感じになった？　ねばねばしてくっついて気持ち悪いね。みんながいるこの場所の真ん中にまるい円があると思ってください。私たちはここに丸一日いて、風船ガムを次から次へとかんでいた。そしてかんだガムをその円の中に捨てたとしよう。円の中には九九九七個のかんで柔らかくなった風船ガムがある。

ここに家族がいます。ねえ君、ここに来てくれる？　他のみんなは、ここにタミーという、三人の子供がいる素敵なお母さんがいると思って見てくださいね。フルタイムで働いていて、何でもしっかりやっている素敵なお母さんです。でも、十代の頃から週末はいつも友だちと一緒に飲みに出かけるようになりました。はじめのうちは、問題があるようには見えませんでした。しかし、あるときから急に、この風船ガムの真ん中に飛び込んでしまったのです。タミーは、風船ガムにくっついてしまって、抜けられなくなってしまったのです。「タミー、動いてごらん」

動こうとするんだけど、動けないよ」とタミーは言いました。そう、その通りなんだ。動けないんだ。それが依存症だよ。みんなそこに閉じ込められてしまうのさ。みんな、タミーをよく見てごらん。左右に体を動かしているよ。タミーはくっついてしまっているとは思っていないけど、そこから抜け出すことはできないんだ。

これからもっと時間がたつと、いったいタミーはどうなると思う？　彼女は、もっともっと風船ガムにくっついてしまうんだ。仕事にも行けなくなるし、病気もたくさん抱えるようになる。もうだんだん何か良いことをしようと思っても、風船ガムにくっついてしまってできなくなるんだ。すべてが破壊的になってしまう。自分で何かを選んでする、ということがもう自由にできないんだ。子供たちに対しても、今までできていたことができなくなってしまう。風船ガムの罠にタミーははまってしまったんだね。すっかり風船ガムにとりつかれてしまっていて、三人の子供たちと過ごす時間もなくなってきてしまったようだ。食事は作るけれども、一人でどこかへ行ってしまう。

タミーのご主人のフレッドは、タミーをとても愛しています。フレッドは、タミーのことをとても心配しています。「そうだね、フレッド？」「もちろん愛していますよ」とフレッド役は言います。

フレッドは、自分の妻が風船ガムにくっついてしまっていることをとても心配しているのです。そしてフレッドは、タミーが職場を休みすぎているために、今後職場でどういう扱いになるかの微妙な時期におかれていることも心配しているのです。タミーの前回の勤務評価はあまりよくありませんでした。フレッドは、ここ数か月、家庭での自分の仕事がますます増えていることにも気づいています。夕食もフレッドが作っています。子供たちの宿題の面倒を見るのも、週末の過ごし方に関しても、すべてフレッドがなんとかこなしているのです。妻のことをとても心配しながら。妻と二人で過ごす時間も少なくなりました。なぜなら、妻のタミーは、風船ガムにとりつかれ、そのことで頭がいっぱいで、フレッドに対してよそよそしくなってしまったからなのです。

フレッドは妻をとても愛しているから、妻のためにどんなことをすると思う？　彼は、妻を風船ガムから引き離そうとします。さあ、やってみて、どうやってタミーを風船ガムから引き離す？

フレッドは、妻を風船ガムから引き離そうと懸命にしてみましたが、フレッド自身も風船ガムに捕らわれてしまいました。フレッド、動いてみて。彼は自分は自由に動ける、自分は動き回れる、と思うのですが、でも、身動きできないのです。このことは、決して忘れないでください。依存症は進行性の病気です。はじめタミーがガムにくっついてしまったとき、ガムは彼女のふくらはぎくらいまででしたが、今では、フレッドまでが彼女と一緒に風船ガムにとりつかれ、ガムはふくらはぎどころかすでに膝まできているのです。このことは、フレッドにどういう影響があると思いますか？　彼は仕事中もタミーのことや子供たちのこと、食事のこと、そうしたことを考えながら、囚われながら仕事をしているのです。いつもタミーが飲酒をやめるのか、やめないのか、そのことばかり考えて生活をしているのです。次の週に家族がみんなで夕食をとるときに、またタミーは飲酒で困らせるようなことをするのだろうか？　フレッドは、ますますこうしたことばかり考えて生活するようになります。彼はしだいに今まで通りに子供たちの世話ができなくなってしまいます。子供たちの宿題の面倒を見ることもできなくなってきます。フレッドまでが、たまにタミーと飲酒をするようなことになってしまうのです。こうして、すべてが風船ガムにくっついてしまうようになるのです。

この家族の一番上の子供はジミーです。ジミーはとても心配しながら生活をしています。なぜなら、母親だけでなく父親までがガムにくっついてしまったからです。両親とも、今までのようにジミーの面倒を見てくれません。家族に対する愛情ゆえに、ジミーは風船ガムにくっついてしまっている母親と父親をそこから離れさせようと試みます。二人を離そうと風船ガムに近づいたジミーは、同じように風船ガムにくっついてしまうのです。そして風船ガムにくっついてしまったジミーは、どうなると思いますか？　彼の人生は、もはや自由ではなくなるのです。

どうしてこうなってしまうの？　ジミーはそう考えると、学校で授業に集中することも難しくなりました。早く家に帰って、弟と妹の面倒を見ないと、と考えるようになりました。友人たちを家に来させてもいいのかどうかも考えるようになりました。友だちが家に来たときに、両親に何が起こっているのか見られたら、恥をかくかもしれません。弟、妹の面倒を見なければならないため、もはや自分が好きなことをして遊ぶ機会すらなくなってしまいました。遊ぶチャンスがあっても、遊びながらいつも母親と父親のことを心配しているのです。自分のしたことではないことで怒鳴られるかもしれません。

弟と妹が母親と父親とジミーをなんとか風船ガムから引き離そうとして、二人とも風船ガムにくっついてしまいました。家族全員が風船ガムに取り込まれてしまったのです。では、なぜ、子供たちは風船ガムに取り込まれてしまうのでしょう？　これはとても重要な問題です。なぜ、子供たちが風船ガムにくっついて取り込まれてしまうのか？　それは、まず、最初に子供たちは親をなんとかしようとするからです。親を助けようとして風船ガムに取り込まれてしまうのなら、子供たちはどうすれば風船ガムから離れることができるのでしょう。それは、子供たちが家族の中の他の人、母親や父親、そして弟や妹を自分がなんとかしなければと思って関わることを、やめたときです。そうすることで、子供たちは自分のケアをしっかりできるようになるのです。これしか、子供たちが風船ガムから離れる方法はありません。

自分のケアをする、というのは、何をすることかな？　外に出て、遊べばいいんだよ。先生に話すこと。カウンセラーに助けてほしいと言うこと。近所の家に行くこと。もし家の中がめちゃくちゃで、君がそこにいたくなかったら、おばあちゃんに電話をすること。子供が自分のケアをする方法には、さまざまな方法があるのです。

みんながどうやってタミーを助けようとしたかを思い出してみましょう。みんなタミーの近くにいたのです。そしてみんな、風船ガムにくっついてしまいました。タミーが風船ガムから離れたい、と思っても、結局離れられませんでした。逃げ出そうにも逃げ出す場所などなかったのです。家族は互いに回復への道をふさいでしまうのです。子供たちは、まず自分のケアを十分にするべきなのです。そして、他の誰かをなんとかしようとして風船ガムにくっつかないようにしなければならないのです。

回復には、時間がかかることを忘れてはいけません。ジミーが自分のケアをし、風船ガムから離れられるようになるための行動をする時期ですが、二週間後には、父親の職場の人たちがやってきて、大きなパーティをする計画があります。母親は、いまだに風船ガムにくっついたままです。そのため、ジミーは準備をたくさんしなければなりません。

回復は、プロセスです。私たちは人間なので、二歩前進することも後退することもあります。風船ガムにくっついたり離れたりします。これが風船ガムにくっついた家族のエクササイズです。

治療と回復（T&R）

（六歳から）

依存症ゲームの延長となるこの視覚的、運動感覚的なエクササイズによって、子供たちは回復のプロセスについて新しく深い理解を得られるようになります。また、自分は親の回復には責任がないけれども、自分自身のケアには責任があるということを理解するようになります。

【やり方】

依存症ゲームでは、依存症者は依存症という病気（ファシリテーターがロールプレイする）によってついには虜にされてしまいます。病気はその腕でその人をつかまえ、放しません。どのように依存症の罠にかかり、虜になり、食いつくされるのかを象徴化して見せます。依存症がいかにその人の生活を振り回すかを少し話し合った後で、子供たちは親を引き離そうとさまざまな方法で試します。何をやってもそのかいもないのですが。グループの子供たちは、依存症は自分たちのせいではないと理解するだけでなく、よくすることもできないということも理解します。これが依存症ゲームのエッセンスです。

しかし、人はどのようにして依存症から回復するのでしょうか？　病気役の人がまだしっかりと依存症者役をつかんだままでいる間、グループのみんなはその人をよくすることができる方法についてブレーンストーミングします。依存症の人は助けを求めて援助を受けるべきだ、と言う人がいたら、依存症者役はこう叫びます。「助けてください。私には援助が必要です。どうぞ助けてください」別のファシリテーターが治療と回復役となり、助けを呼んだ人のところへ向かいます。治療と回復役が近づいてくると、病気役は怖くなって逃げていきます。治療と回復役は依存症者役に自己紹介し、どうやって助けることができるか話し合います。「自分を愛すること、正直であること、感情を話すこと、自分のケアをすること、そして自由になることを教えてあげられるわ」依存症者は、本当によくなりたいと思ったときだけ、治療と回復がそばにいてくれるということを知ります。治療と回復は、アルコールや薬物、その他の依存症から守ってくれるセーフティーネットであるということをデモンストレーションします。病気は部屋の向こう側でこっそり、依存症者に襲いかかろうと待っていますが、治療と回復がまわりにいる間はそれができません。

グループの子供たち全員が依存症者の役をロールプレイして、治療と回復役に援助を求めます。その後で、治療と回復のためのこと――治療、継続的なケア、カウンセリングやAAやNA、アラノンなどのような12ステップミーティングなどについて話し合います。

【例】

ジュリアは、心の底から援助を求め、すぐ治療と回復に出会うことができました。はじめこの六歳の子供は、サポートと保護をしてくれる治療と回復の陰に隠れました。病気が部屋の向こう側に潜んでいると、ジュリアは安心して、治療と回復から離れて、病気を嘲笑いました。「あなたなんて私には何もできやしないわ。いやな奴！」グループのみんながくすくす笑う中、得意そうに言いました。病気が「こっちへ来て、直接私に向かっていってごらん」とやさしくささやくと、しだいに勇気がでてきたジュリアは病気の方に近づいていきました。もう一度言おうと、治療と回復から離れてますます病気に近づき、再びこの病気につかまってしまいました。ファシリテーターは、ゲームをいったん止めて、何が起こったのかをグループのみんなに聞きました。ベルサは、ジュリアはまたこの病気につかまってしまったのよ、と大声で言いました。「これが、再発なんだわ。治療と回復から離れてしまうと、再発することがあるんだ」この賢い子の洞察力は、なんとすごいのでしょう。

【アファメーション】

「困ったり苦しかったりしたら、助けを求めてよい」
「助けてくれる安全な人や場所がある」

【ポイント】

- 再発もまた、子供の責任ではないことを強調しましょう。再発は、何かに依存している人が、治療と回復と共にとどまらないから起こるのです。
- 子供が順にロールプレイをするときには、依存症にもいろいろあるので、薬物、たとえばアルコール、コカイン、鎮痛剤など、また食べ物、仕事、エクササイズ、ギャンブル、買い物などいくつも取り上げます。それにより、より深く、詳しく理解できるようになります。

■もしグループにファシリテーターが一人しかいない場合には、子供たちの中から誰かに治療と回復の役を演じてもらいましょう。

感情のエクササイズ

1. おしこめられた問題と感情
2. 感情当てクイズ
3. 感情の国
4. 感情を表すパペット
5. 感情を入れる小箱

おしこめられた問題と感情

〔六歳から〕

この体験的なエクササイズによって、子供たちは問題や感情を内に抱え込むとどうなるかを運動感覚的に理解することができるようになります。問題を明らかにし、感情を表現するという回復のプロセスを楽しみながら経験することにもなります。子供たちは自分自身の回復のプロセスを始めることになり、実際に問題から解放されて自由を体験します。

【やり方】

子供たちは輪になって座り、グループのファシリテーターは手さげかばんを真ん中に置きます。子供たちは知りませんが、かばんの中には明るい色に塗られた、問題（依存症、けんか、虐待、家族の秘密など）や感情（怒り、恐れ、傷つき、恥、罪悪感、自己否定感、悲しみなど）を表した石がたくさん入っています。ファシリテーターは、治療を受けにきた人は誰でも、このようなかばんを心の中に持ち歩いているということを伝えます。子供たちは一人ずつ、かばんを持って部屋を一周します。ファシリテーターはこのように質問します。「これを全部持ち歩くというのはどんな気持ちがする？　こんなに重い荷物を毎日運んで生活しているとき、何を考えるでしょう？　このかばんをいつも持っていたら、子供らしくいたり、笑ったり、遊んだり、自由でいたりといったことはできますか？」

少し話し合った後で、ファシリテーターはかばんを輪の真ん中へ運び、かばんを開け、中身を調べます。子供たちは一人ずつかばんに手を伸ばし、石を取り出し、そこに書いてある問題や感情を読み上げます。依存症の石を取り出したら、ファシリテーターは家族に依存症の問題がある子供はどのくらいいるかたずねます。たくさんの手があがります。ファシリテーターはそれを確認すると、こう伝えます。「依存症についてたくさんのことを勉強しましょう。特に、それがあなたたち子供のせいではないということをね」感情の石が取り出されると、ファシリテーターはこんな風に感じたことのある人はどのくらいいるかとたずねます。そして、感情について話し合う時間が与えられます。そしてまもなくかばんが空になると、子供たちはもう一度、それを持って歩いてみます。問題や感情について話した後では、かばんが軽くなっていることにみんなは驚きます。

【例】

ジャレッドは六歳の男の子。石がたくさん入ったかばんをかろうじて床から持ち上げ、引っ張って歩くのがやっとでした。分かち合いのセッションの後で、空になって、その前の石がたくさん入っていたときと比べていかにも軽いかばんを持ち歩くのが気に入りました。ディスカッションの最後に、彼はこう言いました。「ぼくは、ママの離婚でいくつもの石を持っているから、その石を捨てたいんだ。ぼくは、悲しいし怖いんだ」

【アファメーション】

「私は、自分の問題と感情を、私を心配してくれる人と分かち合える」
「自分のどんな感情も、ＯＫだ」

【ポイント】

▪このプログラムは、グループセッションを開始するときの導入として最適です。
▪グループセッションの中で、子供たちが問題を分かち合い感情を表現したときには、こう言ってあげましょう。「今日、君はまたいくつか石をかばんから取り出したね。やったね！」

【用意するもの】

▪手さげかばん
▪石を十二個。一つひとつに問題や感情を書き込んでおく。

感情当てクイズ

（六歳から）

このエクササイズはテンポよく進めますが、自分の感情を明らかにし、表現できるようにしていき、内なる感情と外への表出を一致させていきます。

【やり方】

ファシリテーターはボランティアを募り、その子供に前に来てもらって、ファシリテーターに対して自分の感情を耳打ちしてもらい、ゲームを始めていきます。そして、その子供はグループのみんなに背を向けて立ちます。ファシリテーターはみんなに、魔法の歌を唱えるように指示します。「まわれ、まわれ、まわれ、顔にちゃんと書いてある」グループのみんなが唱えると、前に立った子供はゆっくりまわってみんなのほうを向き、黙って感情を顔で表現します。どんな感情か当てられたら、その子供はその感情を経験したときのことを話します。ファシリテーターは、感情について話すときに、「私」を主語に話すように支援します。

十分な時間をとって、少なくとも一人二回は感情表現をしてそれを当ててもらうことができると、このゲームは効果的です。ファシリテーターはこのエクササイズの後に、いかに私たちが日々、似たような感情をたくさん抱いているかということ、信頼する人に感情について話してもいいのだということについて話し合う時間を設けます。

【例】

レイチェルは、とても恥ずかしがりやで、子供プログラムの初日には、ほんのひと言ふた言しか話をしませんでした。ファシリテーターが、とても優しく促し、他の人たちもまたレイチェルを助けて、彼女はついに感情当てクイズをすることになりました。グループのほぼ全員がその感情が怒りであることをきちんと当てたとき、レイチェルは、父親が彼女を怒鳴るときに怒りを感ずると小さな声で言いました。そして頭を下げて静かに泣き始めたのでした。

【アファメーション】
「私は、自分が安全だと感じたら、感情をシェアしてもよい」
「私の感情は、私のものだ」

【ポイント】
- 感情を顔に表したときに、自分の顔を鏡で見るというやり方もできます。これは、内面に感じている感情を外側に出してみて一致させる、とてもパワフルな方法です。
- 恥ずかしがりやの子供がこのエクササイズをするときには、一緒にやってみます。一度やってみると、次には一人でできるようになるものです。
- 感情を選ぶとき、そしてそれを顔で表現するときにも手助けが必要な子供もいます。

感情の国

〔六歳から〕

このエクササイズでは、子供たちが自分の感情を探るようにしていきます。この過程で、子供たちはさまざまな感情を明らかにし、表現する機会をもちます。同時に二つ以上の感情をもつこともあるということも学びます。

【やり方】

部屋の中に感情別の区域を作ります。孤独の国、悲しみの州、怒りの地区、幸せの安息地、恐れの森、恥じらいの駅、傷つきの隠れ家、といった具合です。それぞれ区域の名前とその感情に見合った表情が書かれたポスターを貼り、わかりやすく区分します。ファシリテーターと子供たちは、感情を探し求めて荒野を歩き回る探検旅行に出かけます。感情の区域を発見すると立ち止まり、その感情を感じたときのことについてみんなで話し合います。それぞれの区域を見つけながら旅は続き、ファシリテーターは子供たちの感情とストレスを認め、どの感情もOKで普通のものであると確認します。

すべての区域が見つかったら、グループ参加者は部屋の真ん中の床に座ります。ファシリテーターはその輪の真ん中に一組のインデックスカードを伏せて置きます。カードには、学校のいじめっ子、両親のけんか、誕生日パーティ、親の飲酒のことなど、子供たちに考えてほしい場面がそれぞれに書かれています。ファシリテーターが子供を一人選び、インデックスカードをひいて読み上げてもらいます。少したってから、ファシリテーターは子供たちに、この状況が実際に自分たちに起こったらどんな気持ちになるか、それが書いてある感情の区域に行くように伝えます。子供たちは部屋を走り回って、適切な地区を探します。ファシリテーターは子供たちに、どうしてそこにしたのかを聞きながら、それぞれの場所を訪ね歩きます。子供たち全員がインデックスカードからシナリオを読み上げるまで、ゲームは続きます。

【例】

インデックスカードにどのようなシナリオが書かれていても、ベッカは必ず幸せの安息地に行きました。他の子供たちは、さまざまな感情の国を選んでは散らばりましたが、ベッカは行くところが決まっていたので一人きりになることもありました。このエクササイズの終わりの部分で、ベッカは、自分はいつも、いつも内面で幸福感を感じている、とみんなに話しました。ファシリテーターはベッカにたずねました。「ママがあなたを怒鳴りつけるときはどう？」ベッカの顔からほほえみはすぐに消え、目には涙があふれました。参加している仲間のサポートで、彼女はゆっくりと恐れの森に歩いていきました。ファシリテーターは、ときどき怖くなってもいいのよ、いろいろな感情を感ずるのもいいのよ、と説明しました。

【アファメーション】

「いろいろな感情は、私のお友だち、私はそのまま感じてよい」

「私は一度にいろいろな感情を感じてもよい」

【ポイント】

■インデックスカードに書かれているシナリオが読まれた後、子供たちは、いくつかの国に行ってみるために時間が必要なこともあります。ファシリテーターは、一度にいくつもの感情をもつのもＯＫだ、と説明しましょう。

■ファシリテーターは、小さな子がインデックスカードに書いてあるシナリオを読むときに手伝います。

【用意するもの】

■感情と、それに見合った顔が書いてあるポスター。

■さまざまなシナリオが書かれているインデックスカード。

感情を表すパペット

〔四歳から〕

どの年齢の子供もパペット（指人形）を使ったワークを好みますが、特に四〜六歳の子供たちは大好きです。パペットは子供たちに魔法をかけます。子供たちは怒りや悲しみ、恐れや罪悪感といった感情を、パペットを通すと、楽に表現することができます。

【やり方】

怒りのアミィ、悲しみのサム、怯えたフランキー、罪悪感のゲイル、幸せなハリー、混乱したコニー。これが感情を表すパペットたちです（図1参照）。子供たちが扱いやすい靴下型のパペットです。どのパペットもお腹のところにそれぞれの感情のイニシャルが書かれています。パペットたちは依存症の家族と暮らしています。

パペットを空の瓶などを使ってまっすぐ立て、半円に並べます。それぞれのパペットはどの感情を表しているかを示すプラカードを持っています。これによって、子供たちは感情の名前を思い出すことができます。グループのファシリテーターは、ママとパパのパペットのさまざまな問題について二〜三分で話します。飲酒や薬物使用、言葉の暴力、離婚の危機、家族間の争いなどについてです。それから子供たちは、もし自分がこのパペットの家族と暮らしていたら、どんな気持ちになるかをもっともよく表したパペットを選びます。パペットの気持ちを話し合い、なぜそう感じたかを話します。子供たちは当てはまる感情を表すパペットが複数あると言うかもしれません。

【例】

最近このゲームに参加した八歳の子からのコメントをいくつかあげます。

混乱したコニー：もうお酒は飲まないよ、って約束したパパがどうして飲んでいるの？わかんない。

幸せなハリー：パパがお酒を飲んでいるとき、私は幸せなの。だって何をしても許してくれるから。

罪悪感のゲイル：もしぼくがもっと良い子になれたら、パパもママもお酒を飲むのをやめるって、知っているんだ。

【アファメーション】

「どんな感情も感じてもいいんだ」

「何も心配しないで感情について話のできる相手がいる」

【ポイント】

- パペットを使っての安全なコミュニケーションは、子供たちが感情を話すのを助けるのにきわめてパワフルな方法です。
- たくさんの感情を分かち合うために、子供たちが全部のパペットを順に使うようにしましょう。

【用意するもの】

■パペットの名前の書いてあるインデックスカード（プラカード）
■八つのパペット
■八本の空瓶

怒りのアミィ　　幸せなハリー

図1　感情を表すパペット

感情を入れる小箱

〔六歳から〕

このゲームをすることで、信頼感を育てることができます。信頼感の問題から心を開いて話せない人に、匿名性を与えることで、感情や問題に積極的に取り組むことができます。子供たちはこのゲームを楽しむだけでなく、ゲームを作って楽しむこともできます。

【やり方】

靴の箱や古い帽子の箱、段ボール箱などを使います。子供たちはその箱に絵を描いたり、感情を表す言葉を書いたりして飾り付けます。雑誌から感情を表す顔や言葉を切り抜いて貼ってもよいでしょう。切ったり貼ったり描いたり、かわるがわる行います。

それから、色のついたインデックスカードに自分自身が経験した状況を字や絵でかきます。そして、そのカードを箱に入れます。子供たちはカードを引いてそれを読み上げ、その状況について話します。そして、その人がどう感じていると思うか話し合います。

【例】

九歳のマッケンジーが、感情の入った箱からカードを引きました。彼女は、母親が約束した映画に連れていってくれる時間になっても帰ってこない、という状況について話しました。マッケンジーはこう言いました。「私はパパとママが約束を守らないと悲しくて、頭にくるの。こんなのおかしいって」グループの他のメンバーはマッケンジーに共感すると、似たような体験を話しだしました。

【アファメーション】

「どんな感情もＯＫだ。感情には、良い、悪いはないんだ」
「自分の感情を伝えても、受け止めてくれる人がいる」

【ポイント】

- 子供たちが順番に話すごとに、話し合いをさらに進めていろいろなアイディアを出しながらみんなでシェアをしましょう。
- 子供たちは、その状況についての感情をみんなでシェアするのをためらうこともあります。その場合、母親や父親に対して自分が忠実な子供でなければならないと思っている、あるいは家族の秘密を守りたいと思っていることがあります。

【用意するもの】

- 適当な大きさの箱
- インデックスカード
- クレヨン、絵の具など
- はさみ、のり
- 雑誌

問題解決とセルフケアのエクササイズ

1．不運のルーレット
2．ジェパディ・セルフケアゲーム
3．セルフケアバッグ
4．〝安全な人〟マップ
5．アルファベット・スープ

不運のルーレット

（六歳から）

子供たちはこのゲームが大好きです。アルコールやその他の薬物に依存している親のいる家族に起こる生活上の問題を解決するための協力とチームワークを学ぶことができます。子供たちは困難な状況を乗り越えるための選択肢を見つけられるようになります。将来、実生活で似たような危機が起こったときに乗り越える準備ができるのです。これはどの年齢の子供でも楽しめるプログラムですが、特に六〜十二歳の子供に効果的です。このゲームをしていると時間があっという間に過ぎていきます。

【やり方】

ファシリテーターは子供たちを三人ずつのグループに分けます。それぞれのグループはチーム名を付けます。ルーレットを回転させて（図2）、止まったところのアルファベットの文字がそのチームの取り組む問題です。チームはゲームボードでそのアルファベットが示している問題を確認します（図3）。たとえば、酔っぱらった親とドライブに行く、友だちが遊びに来ているときに酔っぱらった親が顔を出して恥ずかしい思いをする、などです。チームはこの窮地を乗り切るさまざまな方法をブレーンストーミングします。

ファシリテーターは子供たちに、自分自身のケアをよくして、常に安全でいるようにと強調します。すべてのチームが終わったら、それぞれのチームはみんなの前で気づいたことを発表します。続いて話し合いをします。

【例】

イヴァンとジェレミーとローリーは、三人とも九歳で、自分たちのチームを「クールな猫チーム」と名付けました。ルーレットを回転させると、「母親がリビングの絨毯の上で酔いつぶれている」というところで止まりました。どうしたらいいでしょう？　無邪気な意見、立派な意見、とんでもない意見、さまざまな意見が出ます。イヴァンは、隣家の人を呼びにいく、と言いました。ローリーは、救急車を呼ぶ、と言いました。ジェレミーは、「まず、ママのそばに行って、様子を見るよ。そしてママを起こすよ」そして最終的には三つ全部やる——「母親を起こし、救急車を呼び、そして隣の家にも行く」というところで一致しました。そして、このアイデアをシェアしたら、みんなが大きな拍手をしてくれました。

【アファメーション】

「私の人生には、いつでもなんとかなる選択肢がある」
「セルフケアをすることはとてもよいことだ」

【ポイント】

- 何度も何度もこのエクササイズをして、さまざまな問題状況のブレーンストーミングをしましょう。このエクササイズは、子供たちが自分の人生にはさまざまな選択肢があるんだ、ということを学ぶのにとても適しています。
- このエクササイズは特に子供たちの間の信頼や協力を強調します。鍵となるのはチームワークです。

【用意するもの】

・ルーレット盤
・不運のルーレット・ゲームボード

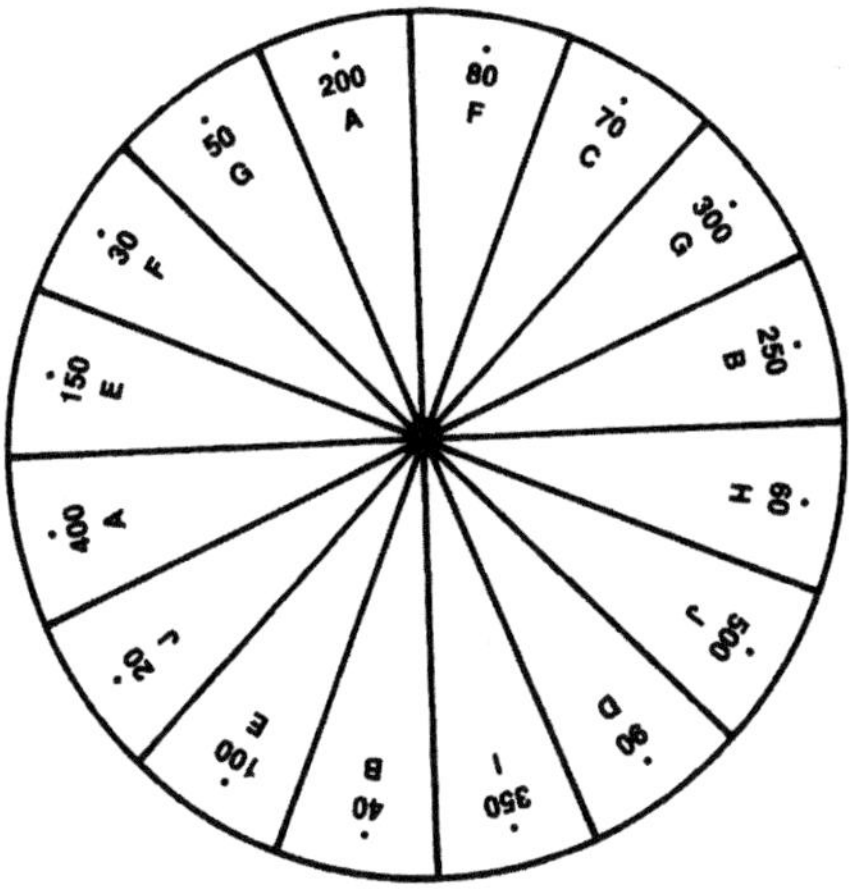

図2　不運のルーレット

A）暴力など危険なことをされる
B）理由もなく怒鳴られる
C）親が酔いつぶれて床に倒れている
D）親が飲酒運転をしている車に同乗する
E）親が家に帰ってこない
F）親が暴力を受けているのを見る
G）兄弟や姉妹が殴られる
H）飲酒や薬物の使用をすすめられる
I）きまりの悪い思いをする
J）もめている人たちの真ん中に入ってしまう

図3　不運のルーレットゲームボード

ジェパディ・セルフケアゲーム

〔八歳から〕

おなじみのテレビゲームショーの楽しさと興奮に、基本的なセルフケアの概念の学習を組み入れたジェパディで遊ぶことで、子供たちはさまざまなセルフケアを学ぶことができます。このゲームはチームワークと協力で、みんなが勝つように進められていきます。

【やり方】

ファシリテーターはグループを二つのチームに分けて、それぞれチーム名をつけるように言います。それが終わったら、ファシリテーターは、部屋の前にある模造紙かホワイトボードにジェパディの五つのカテゴリーを書きます。セルフケアゲームのカテゴリーは、身体、心、感情、精神、子供であること、の五つです。ファシリテーターは、これらがセルフケアをするときに焦点を当てる分野であることを説明します。各チームに紙とペン、クリップボードを渡し、各分野についてのセルフケアのアイデアをブレーンストーミングするように伝えます。ファシリテーターは各チームを見て歩き、サポートしたり、ヒントを与えたり、励ましたりします。このワークは十分程度でよいでしょう。

次に、両チームとも模造紙またはホワイトボードの前に座り、ファシリテーターは司会を務めます。みんなでジェパディのテーマソングを歌い、ゲームを始めます。身体のカテゴリーから始め、そのトピックに対してのセルフケア戦略を交代で発表します。ファシリテーターはそのカテゴリーの見出しの下に、出た意見を書いていきます。また、子供たちにヒントを与えることもあるかもしれません。心、感情、精神、子供であることのカテゴリーもできあがるまで続けます。このゲームの目的は、セルフケアのアイデアで模造紙やホワイトボードを埋めることです。続けて話し合いを行い、ファシリテーターはセルフケアをする時間が十分とれなかった場合の危険性について伝えます。

【例】

オーブリーは、グループの中でいつも静かにしています。そして、ジェパディのエクササイズをして遊ぶのに、あまり乗り気には見えませんでした。彼女は、みんながテーマソングを歌って笑ったりにこにこしているのを見て、少し興味を示し始めました。しだいに、小さなチームに身を置くことに安心し始めたようです。ファシリテーターが彼女を勇気づけて、チームの話し合いに参加するようになりました。意見を言うごとに自信がついてきました。オーブリーは、セルフケアのさまざまな方法を提案して、みんなの力になりました。話し合いの中で、彼女は、これは、とても楽しいことね、と言いました。そして、「私、自分のためにできることが本当にたくさんあるんだわ」と、満面の笑みを浮かべて言いました。

【アファメーション】

「自分をしっかりケアするのはとても大切なこと」
「私には、自分をケアする価値がある」
「人に助けを求めてもよい。すべてを自分でしなければならないなんていうことはない」

【ポイント】

- セルフケアバッグのエクササイズでこのゲームのフォローアップをしましょう。セルフケアのアイディアを紙やボードに書いておくと、エクササイズに役に立ちます。
- このゲームではお互いに学び合うことの大切さを強調しましょう。チームを作ることの目的は小さなグループで安全性を高めること、そしてセルフケアのアイディアがたくさん出るようにすることです。

【用意するもの】

- 模造紙またはホワイトボード
- マーカー
- 紙とペン
- クリップボード

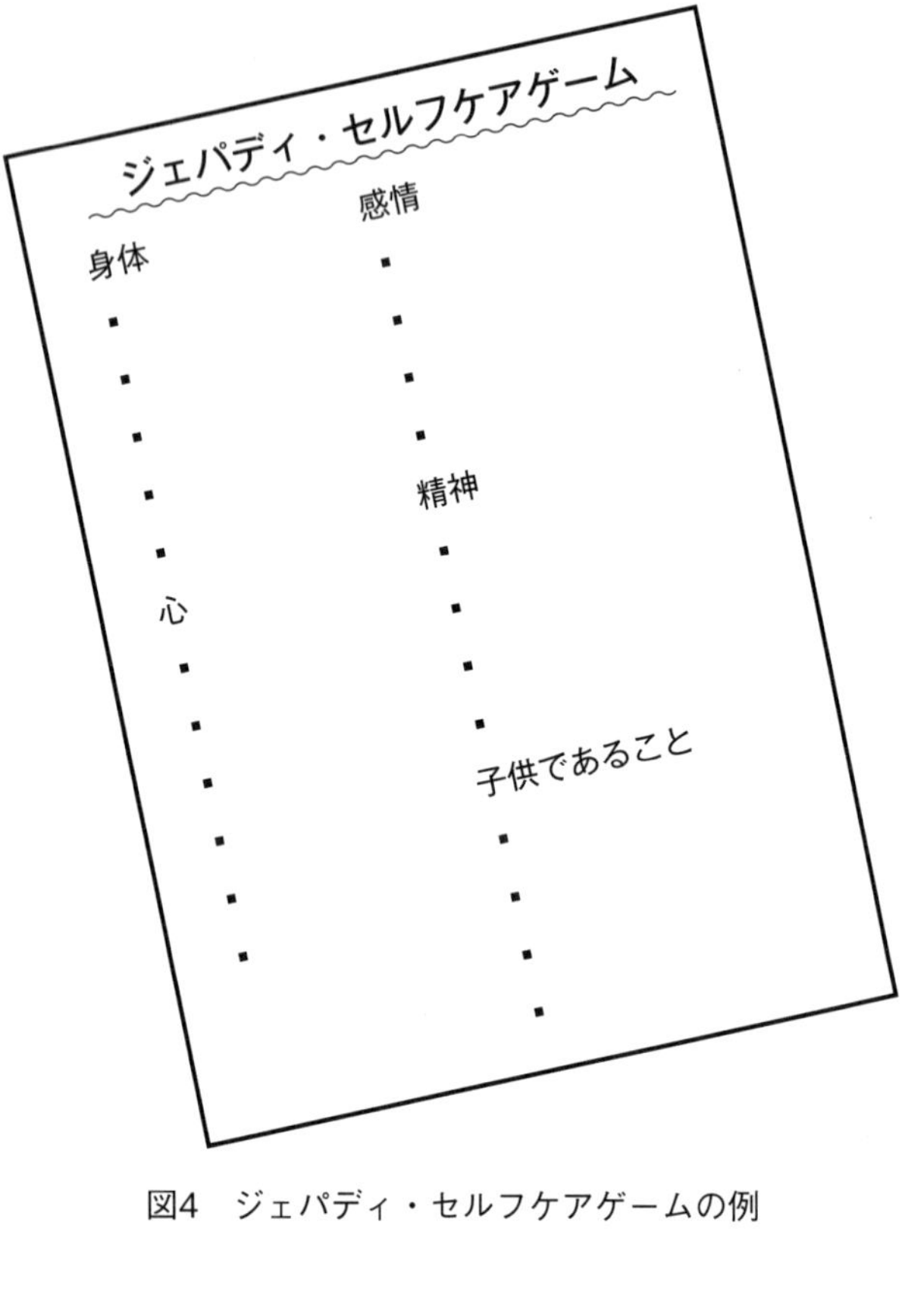

図4　ジェパディ・セルフケアゲームの例

セルフケアバッグ

〔七歳から〕

このエクササイズをすることで、子供たちは日々の生活にセルフケアを取り入れることができるようになります。子供たちが実際に何かを作って家に持ち帰る、数少ないプログラムの一つですが、セルフケアバッグがあることによって、自分のために時間を作ることが重要で、自分にはその価値があるということを子供たちは思い出すことができます。

【やり方】

ファシリテーターは小さな紙袋を配り、それに飾り付けをするように指示します。名前さえ書いてあれば、クレヨン、色鉛筆、マーカーなどを使って、好きなようにしてかまいません。失敗したり、デザインが気に入らない仕上がりになったりしたときのために、余分の袋も十分に用意しましょう。たいてい二十分くらいで完成しますが、必要ならもう少し時間を延ばします。

バッグができあがったら、ファシリテーターは一人五枚のインデックスカードを配ります。ジェパディ・セルフケアゲームで模造紙やホワイトボードに書いたもの（「ジェパディ・セルフケアゲーム」を参照）を使い、ファシリテーターはこの五枚のインデックスカードの両面にセルフケアのアイデアを書き込むように伝えます。インデックスカードにアイデアを書き込むのに、ジェパディ・セルフケアゲームで作った、身体、心、感情、精神、子供であること、の各カテゴリーからヒントが得られます。ファシリテーターは上に挙げたカテゴリーそれぞれについてのアイデアを書くようにグループのみんなに伝えます。身体、心、感情、精神、内なる子供のケアをするためのアイデアがどれも含まれているようにしなくてはなりません。

完成したら、ファシリテーターはそのインデックスカードを自分のセルフケアバッグに入れるように言います。子供たちは輪になって座り、一人ずつカードを取り出して、セルフケアのアイデアを両面、読み上げます。ファシリテーターはアイデアが両面に書かれていることの重要性を説明します。自分のケアをする方法の選択肢をもっているということだからです。

話し合いは、自分自身をケアすることの重要性へと続きます。ファシリテーターは、子供たちが自宅へ戻ったときにこのバッグを使う方法を、グループでブレーンストーミングさせます。

「もし自分にうんざりしたり、嫌な気持ちになったりしたら、バッグから一枚カードを引いて、指示に従いましょう。普段からこのセルフケアバッグを使いましょう」

【例】

タミカは、プログラムの休憩時間に他のグループメンバーと口論をしたらしく、とても悲しそうに見えました。彼女は、ファシリテーターに自分の悲しみを認めて、ファシリテーターの助言を受け入れセルフケアバッグからカードを引きました。彼女は、そのカードの片面の「ゲームをして遊びなさい」は気に入りませんでしたが、もう一面には、「誰かに自分の感情を話しなさい」とあり、しばらく熟考してタミカは、グループの中でこう話をしました。「私、人に悪口を言われるの、とても悲しいの」と。その後の話し合いはとても有意義で、この十歳の女の子は自分自身のケアをすることができました。

【アファメーション】

「私は自分のケアがよくできる」

「私は自分のケアを十分にする価値のある人である」
「私には、自分のケアの方法がたくさんある」

【ポイント】

- このエクササイズは、ジェパディ・セルフケアゲームのフォローアップとして非常に有益です。
- 子供プログラムを行っている間は、子供たちがセルフケアバッグを使って自分をケアする練習のために、セルフケアバッグをいつも使用しましょう。

【用意するもの】

- 小さな紙袋
- クレヨン、マーカー、色鉛筆など
- インデックスカード

〝安全な人〟マップ

〔七歳から〕

このゲームをすることで、子供たちは誰が安全で誰がそうではないのかに気がつくことができるようになります。安全な人の特徴を意識的に考えることで、必要なときに誰に頼れるかを判断するマップがすぐにできあがります。

【やり方】

最初のグループセッションの中で、ファシリテーターは安全な人の概念を伝えます。子供たちは自分がサポートや手引きが必要なときに頼れる人について話し合います。さらに重要なのは、子供たちが、安全な人というのはどういうことだろうかと、じっくり考え始めるということです。大きな模造紙に「安全な人」と書いて、セッションの間、毎回壁に貼っておき、ファシリテーターは安心感をもたらしてくれる人の特徴について話し合うようにすすめます。はじめに、六歳の子供も答えられる安全な人の特徴が二つあります。助けを求めたときに笑わない人、話したことを誰彼なく漏らしたりしない人、です。

各セッションの終わりに毎回五分くらいとり、子供たちはセッションの間に学んだ概念や学びに基づいた新しい情報を付け加えていきます。じきにこのエクササイズは自発的なものになっていき、新しい特徴が思い浮かぶとすぐに子供たちは大声で叫びます。たとえば、ロビーは、安全な人はしょっちゅうお酒を飲んだり薬を使ったりしない、というアイデアを発表しました。ルーシーは、安全な人は、ルーシーや他の人に自分の感情をよく話してくれる、という特徴を付け加えました。

プログラムの終わり頃には、リストにはたくさんの特徴が並びます。ファシリテーターは、終わりの頃のグループセッションで、子供たちが実際の自分の生活の中でこのリストに挙がったギフトやスキルをたくさんもっている人は誰かブレーンストーミングするのに十分な時間をとります（おそらくすべてをもっている人などいないでしょう、完全な人などいないのですから）。ファシリテーターは、自分の生活に関わる人でこのリストに当てはまる人を見つけられずにいる子供のサポートをします。最終的に全員がリストのコピー（〝安全な人〟マップ）を手にし、これからの人生で、それに付け加えていくようにと言われます。

【例】

感情について話し合ったグループセッションの終わりに、安全な人の特徴について話し合う時間になりました。そうしたら、バリーはすぐに手をあげました。この十二歳の子は、機敏な観察で次のように言い、グループのファシリテーターを驚かせました。「安全な人は、目を見て人の話を聞き、心配をしているということをちゃんと態度で示してくれます」バリーのこの意見はすばらしいもので、ファシリテーターは考えさせられました。

【アファメーション】

「私は安全な人について学べる」
「助けを求められる安全な人がいる」

【ポイント】

- ファシリテーターは、子供たちが安全な人たちについて重要なポイントにすべて触れられるように導きます。

【用意するもの】

- 「安全な人たち」と書いた模造紙
- マーカー
- 〝安全な人〟マップ

図5　“安全な人”マップの例

アルファベット・スープ

（七歳から）

このゲームで遊ぶことで、子供たちは依存症が自分たちのせいではないということを学びます。また、自分は親の問題に責任はないということを心から理解できるようになり、自分自身のケアの方法も学ぶことができます。最終的に、子供たちはセルフケアをすることが自分にもっとも責任があることだと理解するようになります。

【やり方】

ファシリテーターはアルファベット・スープの用紙（後の例を参照のこと）をグループの参加者に配ります。子供たちが一人ずつ、この七つのCを読み上げます。それぞれのCの意味について、少しの間、話し合い、自分の生活にどう当てはまるかを話してから、次のCに進みます。七つのCは二つに分けることができ、子供たちに責任がないもの（最初の三つのC）と、責任があるもの（残りの四つのC）とがあるということを、ファシリテーターは子供たちに説明します。続いてこの二つの区別について話し合います。子供たちは親の問題を解決することはできませんが、自分のケアをすることを学ぶことはできるということを、ファシリテーターは繰り返し伝えます。

子供たちはアルファベット・スープの用紙にクレヨンやマーカーで色を塗ったり、裏に絵を描いたりしてもかまいません。家族の依存症は子供たちのせいではまったくないということや、新しいセルフケアの方法を絵で示すことができます。もし時間があればもう一つのやり方として、七つのCをグループのメンバーで分けて、それぞれのCについて説明するコラージュを作ってもよいでしょう。雑誌を切り抜いて絵や言葉を大きな模造紙に貼りつけます。グループ全体の話し合いでは、子供たちはいろいろなコラージュを見て、どれがどのCを表しているかを考えます。

【例】

フランキーは、アルファベット・スープの遊びが、なかなかうまくやれないようでした。彼は、グループのファシリテーターに、「自分をほめる」コラージュを作らなければならないことに腹を立てていると言いました。「そんなのおかしいよ。コントロールできない、とか、治らない、とかいうのをやらせてもらえないの?」とファシリテーターにぶっきらぼうに言いました。望んでいる答えがもらえないと、フランキーは部屋のすみに座り、宙をじっと見つめていました。数分間過ぎました。ファシリテーターがフランキーのそばにより、彼の怒りを認めてあげました。「ママの問題を手放すのは、君にとってはとても難しいことだよね。でも、ちょっとだけ自分に焦点を当ててごらん」とファシリテーターは優しく言いました。すると、フランキーは、それを認めるようにうなずきながら、目には瞬く間に涙がいっぱいあふれ出しました。彼は、コラージュは作りませんでしたが、このエクササイズの大切な目的は十分に果たしたのでした。

【アファメーション】

「自分のケアをすることは、とても大切だ」
「私は、親の問題を手放してもよい」
「私は、何が自分の責任で、何が自分の責任ではないかを学んでいる」

【ポイント】

- 子供たちの描いた絵や作ったコラージュは、次回以降ののセッションの間、壁に飾っておきましょう。そうすることにより、子供たちが日々自分に何ができ、何ができないかを思い出す、とてもパワフルな、目に見えるヒントになるでしょう。
- 特に幼い子供の場合、子供たちが絵を描いたりコラージュを作ったりする際に、ファシリテーターはクループを手助けし、サポートします。部屋の中をあちこち歩き回り、一人ひとりの子供に関わるだけで、サポートになります。

【用意するもの】

- アルファベット・スープの用紙
- クレヨンやマーカー
- （コラージュを作る場合）厚紙、雑誌、はさみ、のり

依存症者のいる家庭で育つ子供たちには、次の七つのCが大切です。

七つのC

- 私はそのこと（親の依存症）の原因ではない（Cause：原因）
- 私はそれをコントロールできない（Control：コントロール）
- 私はそれを治すことはできない（Cure：治す）
- でも私は自分のケアをすることを学べる、それは……（Care：ケア）
- 感情を伝えること（Communicating：コミュニケーション）
- 健康的な選択をすること（Choices：選択）
- 自分を認めること、ほめること（Celebrating：認める、ほめる）

自尊心のエクササイズ

1. リビングカード
2. 〝私の特性〟バッグ
3. 私の素敵な名札
4. 特性を表す名前
5. 内なる宝物

リビングカード

（八歳から）

仲間からのアファメーション（自己肯定の言葉）を得るこのパワフルなエクササイズは、自尊心を育てるのに非常に有効です。可能なら、床の上でこのエクササイズを行いましょう。床に自由に広がってするといっそう効果的になります。バックにやさしく子供たちの好きな音楽をかけましょう。

【やり方】

十分なスペースをとって床に広がってもらいます。子供たち一人ずつにＡ４サイズの紙を配ります。クレヨンやいろいろな色のマーカー、鉛筆を床の上にばらまいておきます。そして、紙の真ん中に自分の名前を書くように言います。いろいろな色を使ったり、文字の形を工夫したりして書くようにすすめます。それから、グループにいる人たちそれぞれの、グループセッションで役に立っている長所をよく考えるように言います。まだ誰も何も書きません。（グループで一緒に過ごしてきたのですから、これは難しいことではないはずです。）ファシリテーターはみんなが書き始められるように、いくつか例を挙げてもよいでしょう。

数分後、この紙を左にまわして、左の人はその紙に名前が書かれた人の長所について書きこみます。これを、自分のところに戻ってくるまでグループでまわし続けます。一人ひとりが、自分について書かれた長所を理解する時間をとります。それからみんなでリビングカードを分かち合います。自分のカードに書かれたコメントを見てどう感じたか聞いてみましょう。このリビングカードは自宅へ持ち帰ってかまいません。部屋に飾っておく人が多いようです。額縁に入れる人もいます（図6のカードの例を参照のこと）。

【例】

十歳のスティーブは、プログラムに参加していてとてもつらい時間を過ごしていました。何もちゃんとできず、場に溶け込めていないと思い込んでいたのです。彼は、家に帰りたいと思っていました。リビングカードのエクササイズをしている間、他の子供たちはスティーブの勇気や泳ぎがとても上手なこと、そして友情が厚いことなどを書いていました。スティーブがそれを読んだとき、まるでクリスマスツリーのように光り輝いたのです。彼は、今までとはまるで違った、別の角度で自分を見るようになりました。「みんな、本当にありがとう、ぼくは、ぼくでいいんだと思えるような気がするよ」と言い、目には涙があふれていました。

【アファメーション】

「誰でもみんな、一人ひとりが特別なものをもっている」
「私はとても素敵で、特別な人間なんだ」
「自分に良い感情をもつことはＯＫなんだ」

【ポイント】

▪小さい子供の場合は、ファシリテーターが代わりに書くことで、このエクササイズができます。またバリエーションとして、小さな子供には、他の人の特別なところを、たとえば花や太陽、お気に入りのおもちゃなどの絵で描いてもらうこともできます。

■子供たちがお互いに相手を傷つけるようなことを書くのではないかという懸念がありますが、そうしたことはめったに起こりません。ファシリテーターは、シェアをしながら、このエクササイズを行う良い雰囲気を作る必要があります。またファシリテーター自身も自分のカードを持って一緒に参加することが大切です。

【用意するもの】

■Ａ４サイズの紙

■クレヨン、色鉛筆、マーカーなど

図6　リビングカードの例

〝私の特性〟バッグ

〔六歳から〕

この簡単なゲームをすることで、子供たちは自分の中の隠された宝物を発見することができます。人から温かい意見をもらい、自分もまたその人の特性についてよく考えることを楽しみます。

【やり方】

ファシリテーターは紙袋と飾り付けの材料をグループのみんなに配り、袋を飾り付けして、そこに名前を書くように言います。この作業に十五分ほどとります。失敗したり、できあがりが気に入らなかったりした場合に備えて予備の袋も用意しておきましょう。子供たちがバッグを作り終わったら、ファシリテーターはそれを集めて部屋の前に並べます。インデックスカードを数枚ずつ配り、一枚につき一人のメンバーについて、その人の特性を書き、その人のバッグにその紙を入れるように言います。
全員のバッグがいっぱいになったら、ファシリテーターはそのカードを読む時間を数分間与えます。そして、一人ずつ、バッグから一つか二つのほめ言葉を選んで発表してもらいます。誰もがこんなに特性をもっているということ、自分のことをすばらしいと感じてもよいのだということを話し合います。そして、子供たちは「私は特別な存在だ」とバッグに書きます。自分の特性を思い出すためのものとして、このバッグを持ち帰ります。

【例】

ローザは、おとなしい、恥ずかしがりやの七歳の女の子です。自分のバッグの中身を入念にチェックしていました。びっくりしたのですが、彼女は二つのギフトをグループセッションの中でシェアしました。ローザは、とても優しい声で話しました。「頭がよくて親切」顔にはほほえみが浮かびました。グループのメンバーからは、彼女に対するパチパチという拍手と喝さいが起こりました。そのとき、グループセッションに参加してはじめて彼女はほほえんだのです。

【アファメーション】

「私は自分の特性をほめてよい」
「自分に良い感じをもってもよい」

【ポイント】

- 小さな子供には、グループメンバーの特別なところを絵で描いてもらいましょう。読み書きが苦手な子供の場合も、このやり方を使いましょう。
- グループメンバーすべての人に、みんながカードに何かを書き入れるようにしましょう。ファシリテーターは、袋の飾り付けをするところから最後まで参加するようにして、このエクササイズの大切さを子供たちが理解するようにしましょう。

【用意するもの】

- 紙袋

- 飾り付けをするために必要なもの（マーカー、クレヨン、色画用紙、はさみ、のりなど）
- インデックスカード

私の素敵な名札

〔八歳から〕

これはリビングカードの続編ですが、お互いにその人の良いところを伝え合うことで、元気が出て盛り上がります。

【やり方】

ファシリテーターはクレヨンや色鉛筆、マーカーを床に広げ、白い厚紙をグループのみんなに配ります。そして、リビングカードのときと同様に、厚紙の真ん中に自分の名前を工夫して書くように言います。例としてできあがっている作品を見せると、子供たちが作りやすくなるでしょう。

力作が完成したら、ファシリテーターは厚紙の上にパンチで二つ穴を開け、穴に通す紐を渡して、結び目を作り、この素敵な名札を首にかけられるようにします。ファシリテーターはうまく紐を結べない子供の手伝いをします。

首から名札を下げて、子供たちは特性についてブレーンストーミングし、ファシリテーターはみんなが見えるようにそれを模造紙かホワイトボードに記録します。このリストは、子供たちが課題を行うのを手助けする視覚的なヒントとなります。名札を背中側にまわして、マーカーをもって部屋を歩き回り、お互いの名札に特性を書き込みます。ジミーがリサの名札に書き、シェリーがジミーの名札に書き、マノエルがシェリーの名札に書くというように長い電車ができあがることもあります。書きあがったら、電車は位置を変え、他の名札へと続けていきます。位置を変えるときに大笑いがよく起こります。全員がお互いの名札に書き込み終わったら、床に輪になって座ります。静かにこの〝隠されていた宝物〟を見る時間を二分間とり、名札を前にまわして、自分の特性を読みます。全員が自分の名札に書かれたことをいくつか発表する時間をとり、ほめ言葉を受け入れることについて少し話し合いをします。

【例】

マイケルは素敵な名札に心を奪われました。他の参加者が書いてくれた多くのギフトを見ながら、彼の眼は大きく開かれ、ほほえみは顔いっぱいになりました。「ぼくは本当にこれを持ち帰っていいの？」と、その八歳の子は言いました。グループメンバーが頭を上下してうなずくと、マイケルは自然に顔がゆるみました。

【アファメーション】

「自分に良い感じをもつのは、よいことだ」
「自分の特性を認めてほめてよい」
「私は、特別で、いろいろな才能がある子供だ」

【ポイント】

- 小さな子供の場合には、お互いの長所を絵に描くことでこのエクササイズを行うことができます。
- ファシリテーターが子供と一緒にこのエクササイズに参加することが重要です。

【用意するもの】

- 白い厚紙
- 穴あけパンチと紐
- マーカー、クレヨン、色鉛筆
- 模造紙またはホワイトボード

特性を表す名前

〔七歳から〕

このエクササイズは楽しく、自己肯定感を高めてくれるゲームで、子供たちが自分の特性を認識することができるようになります。子供たちはほめ言葉をかけたり、受け取ったりという、とても貴重な練習をします。このゲームをすると、特に、自分だけのもっているギフトを認めることができるようになります。

【やり方】

子供たちはゆったりと床に広がって座り、ファシリテーターは紙とクリップボードを配って、クレヨンや鉛筆、マーカーで紙の左側に縦に名前を書くように言います。子供たちはいろいろな書体やデザイン、色の組み合わせを使って、できるかぎり工夫して書くようにします。ファシリテーターは参加者が失敗したり違う作品にトライしたいと思ったりしたときのために、予備の紙を用意しておくとよいでしょう。全員が書き終わったら、ファシリテーターは紙を集めます。

続いて特性についての話し合いです。思いやりがある、正直、勇敢、頭が良い、フレンドリー、芸術的、やさしい、といった特徴のリストについてブレーンストーミングします。ファシリテーターはグループの考えをホワイトボードや模造紙に書きます。こうやって視覚的にすることで、経験が深まります。

次に、ファシリテーターは集めた紙の束から一枚を抜き出し、名前を読み上げます。人の名前というのはその人の特性を表しているということを説明し、名前の文字がそれぞれどのように特性を表しているかについてブレーンストーミングさせます。たとえばベン（Ben）という名前だとすると、明るい（Bright）、エネルギッシュ（Energetic）、いいやつ（Nice）といった具合です。ベンがこのギフトに賛成してくれたら、ファシリテーターはこれを紙の横に書き込みます（図7の例を参照）。全員の紙が特性で埋まるまでこれを続けます。このゲームは長くて大きな拍手喝采で締めくくります。

【例】

フィル（Phil）の番になったときに、グループのみんなは困ってしまいました。誇り高い（Proud）、幸せ（Happy）、知的（Intelligent）、愛情深い（Loving）、がすぐに出てきました。フィルは、「誇り高い」だけはしっくりこないと言って受け入れませんでした。また数分間、ブレーンストーミングしましたが、そのかいもなく、人気者（Popular）もフィルはぴったりこないと言いました。最終的にファシリテーターは、ぴったり合うPから始まる言葉を探すのが、この先のフィルの仕事だと言いました。そして、フィルが受け入れた三つの特性をグループで喜び合いました。フィルの笑顔も部屋いっぱいに広がりました。

【アファメーション】

「誰でも、その人特有の良いところをもっている。私も！」
「自分に良い感じをもつのはよいことだ」
「今日は、自分をほめよう」

【ポイント】

- 時間をたっぷりとって、考えられる特性をボードにたくさん書きましょう。
- ファシリテーターは、ブレーンストーミングの最中に、たくさんのすばらしいアイデアを子供たちに示す役割を積極的にとりましょう。
- 一人ひとりの名前に対して、すべての文字にぴったりする特性を表す言葉が見つからなくてもまったく問題ありません。見つかった特性についてほめ、見つからなかった文字については、子供がギフトを探し続けるようにしましょう。

【用意するもの】

- 紙
- クリップボード
- クレヨン、色鉛筆、マーカー
- ホワイトボードまたは模造紙

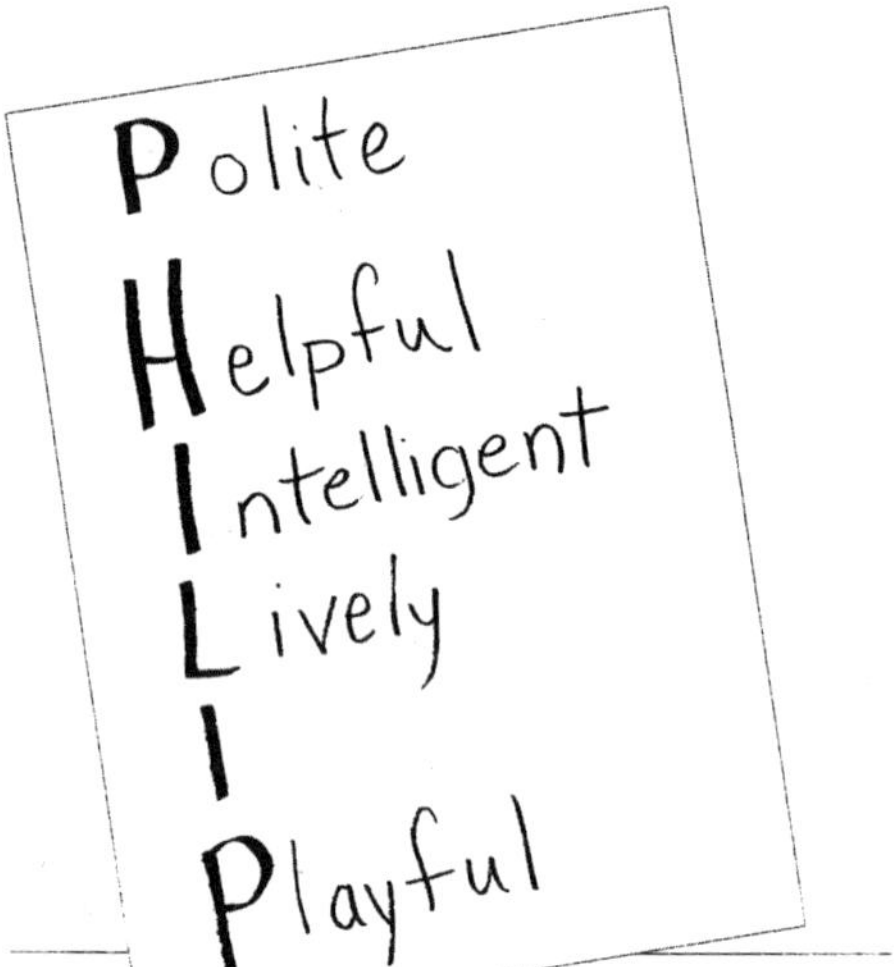

図7　特性を表す名前の例

内なる宝物

（七歳から）

この楽しいゲームは、最高の特別なギフトが子供たちの中にあるということを気づかせてくれます。また、肯定感を与えたり、受け取ったりする力を伸ばしてくれます。

【やり方】

このゲームを始める前に、ファシリテーターはグループの全員のために、小さな紙片に二つアファメーションを書き、二つに折りたたんで、ふくらませていない風船の中に入れます。この内なる宝物というゲームは、リビングカードや〝私の特性〟バッグの後に行う最後のエクササイズとして効果的です。これらのゲームの後に、ファシリテーターは子供たち一人ひとりに風船をふくらませるようにと手渡します。風船をふくらませたり結んだりするのに手伝いが必要な子供もいるでしょう。

特別なギフトについて話し合いをした後、ファシリテーターは子供たちにピンを配り、それで風船を割って、中に入っている宝物を見つけ出すように言います。子供たちは静かに二つのアファメーションを開き、じっくりと読みます。ファシリテーターは、しっくりくる方のアファメーションをポケットに入れて、残った方をグループの他のメンバーに渡すように言います。アファメーションを渡すと、相手から別のアファメーションをもらいます。このあげたりもらったりの作業を、みんなが自分のアファメーションを手に入れるまで、最大三回繰り返します。子供たちはグループで自分のアファメーションを発表してもかまいません。ファシリテーターは、アファメーションがセルフケアにいかに役立つかを説明します。

【例】

みんながあげたりもらったりした後、ジョアンの顔にはいたずらっぽく笑みが浮かびました。彼女の手にあるアファメーションについてたずねると、この十歳の子は、誇らしげにこう言いました。「私には力があります」「私は、神様から与えられたとても素敵な子供です」そのアファメーションはあなたに合うかと聞かれると、彼女はすぐさま「ええ、もちろん！」と言い、ほほえみは、ますます大きくなりました。

【アファメーション】

「私は愛されていて、力がある」
「自分のことが大好きなのは、よいこと」
「私は自分の特性を誇りに思う」

【ポイント】

まだ字がよく読めない子に手を貸しましょう。紙片に書くアファメーションは簡潔なものにするとよいでしょう。ファシリテーターは積極的に参加して、ほめ言葉を上手にあげたりもらったりするやり方を自ら示すことが大切です。

【用意するもの】

- アファメーションを書いた紙

ゲーム・エクササイズ　296

■風船

■ピン

Recovery
is
Beautiful

Moe, J. *The Children's Place . . . At the Heart of Recovery.* QuinnEssentials Books, 2003.

———. *Discovery . . . Finding the Buried Treasure: A Prevention/Intervention Program for Youth from High-Stress Families.* ImaginWorks, 1993.

Moe, J., C. Brown, and B. LaPorte. *Kids' Power Too: Words to Grow By.* ImaginWorks, 1996.

Moe, J., and T. Drennon. *The Beamer Series for Kids.* Betty Ford Center Publications, 2006–2007.

Moe. J., and D. Pohlman. *Kids' Power: Healing Games for Children of Alcoholics.* Health Communications, Inc., 1989.

Moe, J., and P. Ways. *Conducting Support Groups for Elementary Students K-6: A Guide for Educators and Other Professionals.* Johnson Institute, 1991.

Seixas, J., and G. Youcha. *Children of Alcoholics: A Survival Manual.* Harper and Row, 1985.

Wegscheider-Cruse, S. *Another Chance: Hope and Health for the Alcoholic Family.* Science and Behavior Books, 1981.

Werner, E., and R. Smith. *Journey from Childhood to Midlife: Risk, Resiliency and Recovery.* Cornell University Press, 2001.

参考文献

Abbott, S., ed. *Children of Alcoholics: Selected Readings*. NACoA, 1996.

———. *Children of Alcoholics: Selected Readings*. Vol. 2. NACoA, 2000.

Ackerman, R. J. *Children of Alcoholics: A Guidebook for Educators, Therapists, and Parents*. 2nd ed. Simon & Schuster, 1987.

———. *Perfect Daughters*. Rev. ed. Health Communications, Inc., 2002.

———. *Same House, Different Home*. Health Communications, Inc., 1987.

———. *Silent Sons*. Fireside, 1994.

Ackerman, R. J., P. Vegso, T. Peluso, and J. Canfield. *Chicken Soup for the Recovering Soul*. Health Communications, 2004.

Black, C. *It Will Never Happen to Me*. Hazelden, 2002.

———. *My Dad Loves Me, My Dad Has a Disease: A Child's View of Living with Addiction*. MAC Publishing, 1997.

Brown, S., and V. Lewis. *The Alcoholic Family in Recovery: A Developmental Model*. Guilford Press, 2002.

Brown, S., V. Lewis, and A. Liotta. *The Family Recovery Guide: A Map for Healthy Growth*. New Harbinger Publications, 2000.

Cork, R. M. *The Forgotten Children*. Paperjacks, 1969.

Deutsch, C. *Broken Bottles, Broken Dreams: Understanding and Helping Children of Alcoholics*. Teacher's College Press, 1982.

本書の推薦の言葉

「子供たちを援助することこそが、世代連鎖を防ぐ近道」

特定非営利活動法人ＡＳＫ代表・アスク・ヒューマン・ケア代表取締役
今成　知美

ジェリー・モーと子供たちの珠玉のエピソードが詰まった本書が翻訳されたことを、心よりうれしく思っています。

著者は、子供たちが受けたダメージに焦点を当てるのではなく、強みや資質に目を向けるストレングスモデルへの転換を推奨しています。本書を読んでいると、たいへんな状況の中を生き延びてきた子供たちの思慮深さと純粋さに、胸を突かれるポイントがいくつもあります。その傍らにはいつも、子供たちが心を開くのを信じて待つ、著者のまなざしがあります。

私が、著者とはじめて会ったのは、二〇〇四年、シンガポール。「第一回アジア太平洋アディクション研究会」での講演でした。

その人柄と情熱、ベティ・フォード・センターでの仕事ぶりは、本書の訳者、水澤都加佐さん（アスク・ヒューマン・ケア研修相談センター所長でもあります）からよく聞いていました。実をいうと、そのときシンガポールに行った最大の理由は、ジェリーに会うことでした。

講演で、彼はネクタイを頭に巻き、「依存症」キャラクターになって登場、会場の度肝を抜きました。そして、依存症家庭で育つ子供たちにこれを伝えてほしいと、熱く熱く語ったのです。

依存症が病気であること。
親の問題は子供の責任じゃないこと。
一人じゃないこと。
子供のままでいていいこと。
助けてくれる安全な場があること。

まさに体を張った熱演でした。終了後、私は彼のもとに飛んでいき、ぜひ日本に来てほしいと依頼。その翌年、子供プログラムを体験するワークショップが東京で実現しました。

ジェリー・モーが子供たちへの援助を始めた原点は、自身の十四歳の体験にさかのぼります。当時、「季刊Ｂｅ！」（ＡＳＫ）に掲載したインタビューから抜粋してご紹介しましょう。

「父はアルコール依存症で、私が十四歳のときに回復を始めました。その少し前から母が家族の自助グループにつながったため、私自身も援助を受けることができたんです。これは、私の人生にとって大きな変化でした。

それまでの私は父を恥じていたんです。父は毎晩のように酔って帰ってきて、ときには前庭で酔いつぶれたまま朝を迎えることがありました。そして運の悪いことに、私の家は学校の真ん前にあったんです。何が起きるかわかります？　『お前の父さん、何やってんだ？』と朝、友だちに聞かれるわけです。そのたびに私は、『父さんはアウトドアが趣味で、ああやってキャンプの練習をしているんだよ』とごまかしていました。

依存症は病気で、もう父のことを恥じたりかばったりしなくていいのだと知って、世の中がすっかりちがって見えましたね。目の前がパーッと開けた感じです。あの経験がなかったら、自分はどうなっていただろう？　もっと小さな頃に援助を受けられていたら？　そんな思いがあって、子供専門のカウンセラーになったんです」（季刊Ｂｅ！ 80号）

この十四歳の少年が今もジェリーの中にいて、子供たちと関わる原動力になっているのは間違いありません。

彼が力を込めて語っていたのは、「依存症家庭で育った子供が依存症になるリスクは、そうでない子供の四倍」という実態です。

「大人になる前の子供たちを援助することこそが、世代連鎖を防ぐ近道なのに、なぜかそこがすっぽ抜けていると思いませんか？　親が回復しても、子供は傷ついたまま取り残されているということがよく起きています。もちろん、親の回復は子供にとって素晴らしいできごとです。でも、子供自身も援助を受ける必要がある。もっと、もっと子供に目を向けてほしい！」（季刊Ｂｅ！ 80号）

「親より先に、まず子供たちに手を差し伸べたい。そうすることで、彼らの未来を守ることができる。それは、次世代の依存症を防ぐことにもなる。しかも、子供へのサポートは、家族システムを変化させるから、親の回復にも大きな効果を発揮するはずだ」（季刊Ｂｅ！76号）

この言葉が真実であることは、本書に綴られた一つひとつのエピソードが証明しています。子供という視点は、依存症の治療の向上を考えるうえでも重要な鍵になりえるのです。

アメリカでも、ベティ・フォード・センターのような充実したプログラムに参加できる子供たちはごく少数です。多くは何のケアも与えられず、過酷な状況の中で生きていかざるをえません。

日本では、依存症が病気と社会的に認識されていないために、依存症者の多くが治療に結びつかない現状があります。したがって、ほとんどの子供たちは、問題が依存症という病気から発生していることさえ知る機会をもちません。

せめて、子供たちと接する人々（何らかの援助者、教師、家族など）が本書を手に取り、そのエッセンスを子供たちに伝えることができたら……。

そう強く願って、筆をおきます。

監訳者あとがき

ジェリー・モー。少なくとも、アメリカのアディクション領域で仕事をしている人で彼を知らない人を探すのはとても難しいことです。そして、彼に一度でも会ったことのある人なら、依存症者のいる家族で育つ子供たちに対する彼の熱い思いを感じない人もまたほとんどいないでしょう。

アルコールや薬物に依存する人の、病的で問題のある行動に対応しなければならないのは、配偶者などの大人だけにかぎりません。子供たちもまた、毎日のように依存症の親の顔と行動を見ながら暮らしているのです。悲しみや恐れ、不安、自己否定感、無力感など、さまざまな否定的感情を体験します。そのうち、不適切で病的な思考と行動を身につけ、周囲のさまざまなものとの結びつきが変わってしまい、それらが習慣化します。こうして、共（一緒、同じの意）依存症者という言葉が誕生しました。依存症者の病的で問題のある行動と同じように物事を考え、行動するようになるからです。

依存症は、遺伝の要素があり、脳の病だといわれています。両親とも依存症でない場合と、両親が依存症の場合を比較すると、子どもが依存症になる確率は、両親のうち一人が依存症だと四倍高く、両親とも依存症だと九倍高いといわれています。また、すべての依存症は、アルコール依存症であれギャンブル依存症であれ、大脳辺縁系の機能として同じ病であるといわれています。そうした依存症者のいる家庭で日々繰り広げられるトラウマティックな体験は、もし誰にもケアされず、否定的な感情を癒すことなく、抑圧したまま過ごさなければならないとしたら、それはいつしか心の痛みとしてのしかかり、いつか親と同じようにアルコールや薬物を痛み止めとして使用するようになったとしても不思議ではありません。そもそも、依存症者の家族で育つ子どもの周囲にいる大人たちは、いったいいつそうした子供に目を向け、つらい感情をそのまま受け止め、何らかの対応をするのでしょうか。多くは、子ども自身が何らかの問題行動を起こして、いわゆる「事例化」し、「ケース」と呼ばれるようになってから、大人や専門家といわれる人たちが関わるのです。アダルトチャイルドという概念がありますが、アダルトになれば、自分の生きにくさや課題に自ら取り組む機会はいくらでも存在しますが、幼い子どもたちは、何らかの問題行動があってはじめて援助対象になるのです。本文にもあるように、多くの依存症者の子どもたちは、鳴りを潜め、様子をうかがい生活しています。大人たちは、そうした子供を「おとなしい子」といい、良い成績をとっていれば、たとえ心の中がどれほど傷ついていても「良い子」「優等生」といいます。そして問題行動を起こせば「問題児」というのです。さらに、そうした状況でいつもトラブル続きの家族を専門家といわれる人たちの多くが「問題家族」といいます。問題は、子供でも親でも、家族でも、依存症者でもなく、依存症という病なのですが。「問題は、問題」なのです。

子どもたちが、悲しみや不安、怒り、恐れ、無力感、自己否定感、寂しさなどの否定的な感情を抑圧してしまう背景には、以下のような誤った価値観、文化が存在していることも見逃せません。

- 泣かないで強く生きなさい
- 誰でも多かれ少なかれ体験すること
- 前を見て生きなさい

- 時間が過ぎれば忘れること
- 何かを一生懸命していれば気にならないこと
- もっと大変な思いをしている人がたくさんいる

こうしたことを言う人がいかに多いことか。安全な家族で育つことができない子供たちにとって、こうした言葉は否定的な感情をますます抑圧するしかなくするのです。無邪気な子どもも時代を過ごすことのできない子どもたちの喪失感が抑圧されてしまうのです。喪失感が癒されるのは、誰かに話を聞いてもらうこと、否定的な感情を表出することではじめて癒されるのですが、聞く人は、分析したり説得を試みたり、誰か他の人の例を持ち出して言いくるめたりしたのでは、せっかく話し始めても再び抑圧をしてしまいます。子どもにかぎらず、苦しんだり悲しんだりしている人との会話では、真摯に、積極的に傾聴することが必要です。しかし、上述のような言葉で抑圧され、子どもたちは大人になるのです。そもそも私たちが思いきり涙を流して泣くことが歓迎されるのは、誕生の時だけです。大きな産声を上げることで、周囲は喜びますが、しかし、もう次の日には、赤ちゃんが泣いているとこう言います。「良い子ね、良い子ね、良い子は泣かないのよ」と。満員のエレベーターに最後に誰かが乗ろうとすると、重量オーバーのブザーが鳴ります。エレベーターは、金属でできており、警報装置が設けられています。しかし、人間の心には警報装置はなく、心は弾力的で無理がききます。しかし、抑圧された否定的な感情は、いつしか目いっぱいとなり、これ以上は無理だ、という段階になると、朝起きるのもつらく、人と話すのもおっくうになります。抑うつ状態となるのです。それでも人生はとどまることはありません。否定的な感情は蓄積され、その人の地雷となります。人生そのものが地雷原を生きるようなものになってしまいます。小さな出来事も地雷に反応するため大きく傷つき、その傷を再び地雷として埋め込むからです。

ジェリーによると、子ども時代に彼の子供プログラムに参加して今は大人になった人たちと、参加しなかった人たちに関するリサーチがあるといいます。彼によれば、参加した人としなかった人との予後を比較すると、大きな違いがあるといいます。ここでそれを詳述するスペースはありませんが、またいつか機会をとらえてお示ししたいと願っています。また、彼がベティ・フォード・センターで行っている子どもプログラムでの援助のための考え方と技術は、「ナラティブ・セラピー」がベースになっています。このナラティブ・セラピーに関する実用的な書籍をできるだけ早い時期に世に出したいと何人かのアメリカの援助者と企画をしています。いつか皆様のお役に立つ日がくると思います。また、ジェリーと訳者とは、長い個人的なつながりがあり、近いうちに日本において、子どもを援助する専門家の養成を企画しています。本書や子どもプログラムに関して興味のある方は、訳者の主催するHealing & Recovery Institute（ＨＲＩ）に連絡をいただければと思います。多忙なジェリーに直接さまざまな問い合わせをなさることはご遠慮いただければ感謝いたします。

なお、ベティ・フォード・センターは、二〇一四年九月にヘーゼルデン・ベティ・フォード・ファンデーションと名前が変わりました。ミネソタ州に本部のあるヘーゼルデンと合併したのです。本書は、合併前に出版されているために、本文ではベティ・フォード・センターという言い方をそのままにしてあります。ヘーゼルデン・ベティ・フォード・ファンデーションに関してもＨＲＩが連携をして長年研修ツアーをしておりますので、関心をおもちの方はＨＲＩにお問い合わせをください。ＨＲＩの住所、電話、メールアドレスは巻末の訳者紹介を参照ください。

なお、この訳書をS君に、Tさんに、そしてK君に敬意を表して捧げます。君たちが、どれほどつらい思いをして大人になったか。そしていつの間にか自分も親と同じように飲酒をし、薬物を使用し、いつしか依存症になり、しかもそのどん底から回復のプロセスに至った君たち。つらかったし、苦しかっただろうが、自分の道を仲間と共に切り開き、今は幸せに生きている君たち。もはや過去のシナリオは、今の君たちを支配はしません。語ってくれたことに感謝します。語った勇気に敬意を表します。回復の道にいる今を、一緒に歩みたいと思います。ありがとう。そして、大好きだよ、君たちのことが。

《著者》

ジェリー・モー（Jerry Moe, M.A., M.A.C., C.E.T. II）

アメリカ、カリフォルニア州にあるベティ・フォード・センター（ヘーゼルデン・ベティ・フォード・ファンデーションの一部）子どもプログラムディレクター。また、NACoA（National Association for Children of Alcoholics）のボードメンバーでもあり、アディクションにより傷ついた子どもたちに対して、どのような援助が必要かに関する多くの著書があり、専門家のトレーナー、講演者としても全米のみならず世界的に知られている。彼の功績に対して、Mona Mansell 賞、Father Joseph C. Martin 賞、本書 Understanding Addiction and Recovery Through a Child's Eyes では、Johnson Institute から、さらに彼の今までの業績に対して Ackerman/Black 賞などが授与されている。また、彼の行っている子どもプログラムは、全米のニュースやドキュメンタリー番組でも報道されることが多く、2011 年には、エミー賞を受賞している。

監訳者とは、20 年以上にわたる親交があり、2005 年には、監訳者が所属する ASK（アスク：アルコール薬物問題全国市民協会）の招きで来日、また 2018 年春には、HRI（Healing & Recovery Institute）の招きで横浜においてジェリーのワークショップを予定している。

本書以外にも、以下の著書が出版されている。日本にも徐々に紹介したいと考えている。Kid's Power: Healing Games for Children of Alcoholics（Imagin Works, 1989）, Conducting Support Groups for Elementary Children: A Guide for Educators and Other Professionals（Johnson Institute, 1991）, Discovery: Finding the Buried Treasure（Imagin Works, 1993）, The Children's Place（Quinn Essentials Books & Printing Inc., 1998）

（紹介者：水澤都加佐）

《監訳者》

水澤 都加佐（みずさわ　つかさ）

学習院大学卒業。日本社会事業大学研究科修了。神奈川県立精神医療センターせりがや病院心理相談科長を経て、現職は、㈱アスク・ヒューマン・ケア取締役研修相談センター所長、Healing & Recovery Institute 所長、非営利活動法人アスク（アルコール薬物問題全国市民協会）副代表。

著書に『仕事で燃えつきないために』『悲しみにおしつぶされないために』『依存症者を治療につなげる』（以上大月書店）、『あなたのためなら死んでもいいわ』（春秋社）、『自分の怒りと向き合う本』（実務教育出版）など多数

訳書に『子どもの悲しみによりそう』『PTSD ってなに？』（以上大月書店）、『依存症から回復した大統領夫人』『恋愛依存症の心理分析』（以上大和書房）、『「うつ」をやめれば楽になる』（PHP 研究所）など多数

Healing & Recovery Institute（HRI）
〒 231-0013 横浜市中区住吉町 2-21-1 フレックスタワー横浜関内 504
電話：045-663-9027　E-mail：hri@mzs.jp

《訳者》

水澤 寧子（みずさわ　やすこ）

東京女子大学文理学部心理学科卒業。現職は、長谷川病院の精神科ソーシャルワーカー。

訳書に『すばらしい悲しみ　グリーフが癒される10の段階』(地引網出版)、『傷つけられていませんか？　虐待的な関係を見直す（10代のセルフケア)』（大月書店)、『すべてがうまくいく安らぎの言葉』（PHP研究所）など

親の依存症によって傷ついている子どもたち

物語を通して学ぶ家族への援助

2017年3月30日　初版第1刷発行

著　者　ジェリー・モー

監訳者　水澤都加佐

訳　者　水澤寧子

発行者　石澤雄司

発行所　株式会社星和書店

〒168-0074　東京都杉並区上高井戸1-2-5

電話　03（3329）0031（営業部）／03（3329）0033（編集部）

FAX　03（5374）7186（営業部）／03（5374）7185（編集部）

http://www.seiwa-pb.co.jp

Ⓒ2017　星和書店　　Printed in Japan　　ISBN978-4-7911-0950-0